Helga Rolletschek

Herausforderungen und Verhaltensauffälligkeiten von A bis Z

Wie kann ich helfen?

Cornelsen

Autorin:
Dr. Helga Rolletschek war Lehrerin, Leiterin der Didaktik der Biologie an der Katholischen Universität Eichstätt-Ingolstadt und ist aktuell Seminarrektorin für die Ausbildung von Referendaren bei der Regierung von Oberbayern.

Quellennachweise:
S. 22: Allgemeines Modell für die multifaktorielle Entstehung der AD(H)S-Störung, Quelle: Döpfner, Manfred/Frölich, Jan/Lehmkuhl, Gerd (2013): Aufmerksamkeitsdefizit-/Hyperaktivitätsstörung (ADHS) aus der Reihe: Kinder- und Jugendpsychotherapie Band 1, Hogrefe Verlag, Göttingen, S. 15; S. 59: Stein, B., Reaktion auf Katastrophen in Israel. In: Meißner, Sachs: Schulpsychologie und Schulentwicklung. S. 5–20. Landesverband bayrischer Schulpsychologinnen und Schulpsychlogen e. V., Forum-Bd. 5, 1996, G. Ullmann; S. 73: Förderplan aus „Ein Leitfaden zum Umgang mit Lese-Rechtschreib-Schwierigkeiten in der Grundschule“, Landesinstitut für Schule und Medien Berlin-Brandenburg (LISUM), Kürzungen und Änderungen Helga Rolletschek

Redaktion: Katia Simon, Essen
Umschlaggestaltung: Corinna Babylon, Berlin
Illustrationen: Struktur Cover und Innenteil – Shutterstock.com/Maly Designer; S. 9 Illustration Hände – Shutterstock.com/Martial Red
Layout und technische Umsetzung: krauß-verlagsservice, Ederheim/Hürnheim

www.cornelsen.de

1. Auflage, 2. Druck 2021

Druck: H. Heenemann, Berlin

ISBN 978-3-589-16585-8

PEFC
PEFC/04-31-1156

PEFC zertifiziert
Dieses Produkt stammt aus nachhaltig bewirtschafteten Wäldern und kontrollierten Quellen.

www.pefc.de

INHALTSVERZEICHNIS

EIN PAAR WORTE VORAB

Wie gehe ich bei Cybermobbing vor? Was muss ich beim Thema Inklusion beachten? Wie erkenne ich Schüler*innen mit Dyskalkulie oder Legasthenie? Was kann ich machen, wenn Schüler*innen respektlos, faul oder schüchtern sind?

Die Bandbreite von Schüler*innen und damit die Herausforderungen für die Lehrer*innen sind an allen Schularten und in jeder Jahrgangsstufe groß: Nach Aufhebung der Lernzielgleichheit soll es im Rahmen der inklusiven Bildung allen Schüler*innen möglich gemacht werden, Kompetenzen aufzubauen. Eltern sehen vor allem ihr eigenes Kind und haben hohe Erwartungen. – Wie soll ein*e Lehrer*in dieser Fülle an Herausforderungen im Schulalltag nur gerecht werden?

Das vorliegende Buch möchte für verschiedene solch herausfordernde Situationen im Schulalltag von A wie Aggressivität bis Z wie zerstreute*r Schüler*in einen schnellen Überblick mit Impulsen und Hilfestellungen geben: Wie zeigt sich das Problem? Wie kann ich als Lehrer*in in solchen Situationen reagieren? Was sollte ich dabei beachten? Was kann ich präventiv tun?

Gedacht als erste Übersicht ist das Buch knapp und stichpunktartig formuliert. Einen Anspruch auf Vollständigkeit der herausfordernden Situationen erhebt es natürlich nicht. Es stellt auch keine Checkliste mit vorgefertigten Lösungen zum Abhaken dar. Vielleicht ist aber bei der Fülle von Ideen, die einem langen, persönlichen Erfahrungsschatz entstammen, ein neuer Gedanke oder eine Anregung dabei, die einen neuen Weg ausprobieren lassen?

PRÄVENTION STATT INTERVENTION

WICHTIG Der wichtigste Hinweis vorab: Ein motivierender, aktivierender Unterricht, bei dem die Schüler*innen gemeinsam und selbstverantwortlich an sinnvollen Themen arbeiten, reduziert die Auftretenswahrscheinlichkeit von Störungen.

AUF DIE BEZIEHUNG KOMMT ES AN

Auf Schatz- statt Fehlersuche bei Schüler*innen gehen – das ist Ausdruck des schülerzentrierten Ansatzes, der nachweislich zu positivem Verhalten führen kann. Versuchen wir also nicht, die nervenden Störer zu sehen, sondern nehmen beispielsweise bei einem ADS-Kind eine interessierte Offenheit, einen ausgeprägten Gerechtigkeitssinn sowie den ganz eigenen Charme wahr.

Die Beziehung zwischen Lehrer*innen und Schüler*innen sollte durch Echtheit, Akzeptanz und Empathie geprägt sein, was zu einem positiven **Klassenklima** (siehe S. 53) führt, in dem sich die Schüler*innen angenommen und wertgeschätzt fühlen. Diese Grundhaltung zeigt sich im Einsatz der Sprache der Annahme, dem aktiven Zuhören, dem Senden von Ich-Botschaften und in einer Konfliktbewältigung ohne Niederlagen. Positive Verhaltensweisen sollten dem Schüler/der Schülerin klar sein, ihm/ihr stets rückgemeldet und bewusst verstärkt werden.

Die **Sprache der Annahme** nach Thomas Gordon[1] drückt aus, dass man den Menschen so nimmt, wie er ist und offen sagt, was einem gefällt oder nicht: Methoden wie passives Zuhören bzw. Schweigen, bestätigende Reaktionen – verbal oder durch ein Nicken – Verwendung von Türöffnern/offenen Fragen, z. B. „Möchtest du mehr darüber erzählen?“

1 Gordon, Thomas (1986): Lehrer-Schüler-Konferenz. Wie man Konflikte in der Schule löst. Heyne-Verlag.

Beim **aktiven Zuhören** (nach Carl Rogers[2]) wird nicht nur der Inhalt, sondern es werden auch die Gefühle beim Erzähler berücksichtigt: Der Zuhörer fasst die Aussagen des Senders/Erzählers zusammen und paraphrasiert. Er fragt bei Unklarheiten nach („Wenn ich dich richtig verstanden habe ..."), beschreibt auch die wahrgenommenen Emotionen des Senders, z. B. „Es scheint, du bist enttäuscht/unzufrieden/sauer."

Ich-Botschaften, z. B. „Es stört mich, dass du ständig reinrufst", zeigen den Schüler*innen, dass sie angenommen werden, dass die Lehrkraft Empfindungen hat und auch Schwächen besitzt sowie ehrlich ist.

Störungen müssen beachtet werden, da sie Lernprozesse wesentlich beeinflussen (vgl. themenzentrierte Interaktion nach Ruth Cohn[3]). Sie binden die Aufmerksamkeit der Schüler*innen und lassen sie weniger motiviert arbeiten (vgl. Eisbergmodell, bei dem der größere Teil unter der Oberfläche *schlummert*). Motiviertes, konzentriertes und effektives Arbeiten in der Klasse ist nur dann möglich, wenn neben der Sachebene (z. B. Lerninhalte), die Faktoren der psychosozialen Ebene (z. B. Motive, Erfahrungen, Bedürfnisse, Gefühle, psychische Verfassung) Beachtung finden.

Konfliktbewältigung ohne Niederlagen/No Blame Approach (nach Maines und Robinson[4]): keine Schuldzuweisung, sondern Blick nach vorne, Lösungen gemeinsam suchen („Was kannst du anders tun?"); Win-Win-Situationen schaffen.

Verstärkerpläne/Tokensystem (operantes Konditionieren nach Skinner[5]) oder Response-Cost-Verfahren (Punkteabzugsprogramme): nicht im Sinne einer Verhaltensmanipulation (Behavorismus), sondern gemeinsames und bewusstes Setzen realistischer Ziele mit Verstärkern als Hilfestellung, um diese zu erreichen. Tokens als generalisierte Verstärker, z. B. Stempel, Aufkleber, Smileys; ohne eigentlichen Wert. Der Wert besteht in dem, wogegen man sie eintauschen kann, etwa Urkunden, Ausweise, Lineal, Füller, 1x1-Führerschein, Leseausweis, Experten-, Forscherurkunde etc. Verstärker können bei Response-Cost-Verfahren auch wieder abgezogen werden.

WiCHTiG Die Verstärker sollten für die Schüler*innen attraktiv sein, z. B. materielle Verstärker (konkrete Dinge, wie Spielzeug, Süßigkeiten) oder Handlungsverstärker (z. B. Spiel im Sitzkreis auswählen, Privileg für diesen Tag).

---

2 Rogers, Carl R. (1985): Die nicht-direktive Beratung. Counseling and Psychotherapy. Fischer Verlag.
3 Cohn, Ruth C. (1975): Von der Psychoanalyse zur themenzentrierten Interaktion. Klett-Cotta.
4 Maines, Barbara/ Robinson, George (1992): The No Blame Approach. Lame Duck Publishing.
5 Skinner, Burrhus Frederic (1938): The Behavior of Organisms: An Experimental Analysis. 1938 erstveröffentlicht, 1991 und 1999 nachgedruckt durch die B. F. Skinner Foundation.

Verträge, zwischen Schüler*innen und Lehrer*in geschlossen, mit konkretem Zielverhalten, Verstärkern, Konsequenzen, zeitlichem Rahmen, z. T. auch Dreiervertrag mit Eltern, binden die Schüler*innen ein und erhöhen deren Eigenverantwortung; geeignet bei Schüler*innen, die ihr Verhalten gut regulieren können. Beispiel für einen Vertrag:

Verhaltensvertrag

Zwischen ______________________________ und ______________________________

Wir vereinbaren Folgendes: ______________________________

Meine Belohnung: ______________________________

______________________________  ______________________________

Klassenlehrer*in Schüler*in

Shutterstock.com/Martial Red

Individuelle Förderpläne oder **Lernleitern** enthalten kindgemäß formulierte Förderziele; zeigen auf und visualisieren konkrete kleine Schritte für die Umsetzung; Anbahnung der Selbstverantwortung und damit der Selbstkontrolle; Ausgangspunkt ist der aktuelle Entwicklungsstand des Kindes (siehe individuelle Erziehungspläne, Wood[6]/Bergsson[7]; Lernleiter, Girg/Müller[8])

Priorisierung der Ziele: Ein Berg an Zielen kann leicht demotivierend wirken. Daher dem Schüler/der Schülerin bei der Auswahl helfen. „Du willst drei Ziele erreichen. Welches kannst du am leichtesten erreichen? Fange damit an. Was/wer könnte dir helfen, das Ziel zu erreichen?“

---

6 Wood, Mary (1995): Developmental Therapy – Developmental Teaching, Fostering Social-Emotional Competence in Troubled Children and Youth.

7 Bergsson, Marita (2001): Entwicklungstherapie/Entwicklungspädagogik, Curriculum für pädagogische Fachkräfte, ETEP Europe.

8 Girg, Ralf/Müller, Thomas (2010): Die MGML-Methodology und ihre Lernleitern. S. Roderer-Verlag.

BEISPIEL FÜR EINE ZIELVEREINBARUNG

Mein Ziel: Ich, ______________________, übernehme Verantwortung für

______________________ (z. B. meine Hausaufgaben)

Woche vom __________ bis __________	Mo	Di	Mi	Do	Fr
Vollständigkeit Ich habe alle Hausaufgaben vollständig erledigt.	☐	☐	☐	☐	☐
Ordentlichkeit Ich habe die Hausaufgaben ordentlich und gut lesbar angefertigt.	☐	☐	☐	☐	☐

Rot markieren, wenn es noch nicht funktioniert, grün, wenn es geklappt hat!

Mein Wochen-Ergebnis:

☐ Ich habe zweimal oder öfter rot markiert. Insgesamt muss ich mich mehr anstrengen!

☐ Ich habe einmal rot markiert. Mein Verhalten war nicht ganz in Ordnung!

☐ Alles grün. Ich habe alles gut gemacht und an alles gedacht!

Falls du oft rot markiert hast, denke nach:
Wer oder was könnte dir helfen, in der nächsten Woche besser zu werden?

____

____

____

Tipp der Lehrerin/des Lehrers:

____

____

____

PRÄVENTION DURCH CLASSROOM MANAGEMENT[9]

Rituale, Regeln und Strukturen bieten Schüler*innen Verhaltenssicherheit und Orientierung darüber, was von ihnen verlangt wird. Äußere Strukturen können zur inneren Ordnung führen. Die Schüler*innen sind sich über den Sinn und Zweck im Klaren, werden in alle Prozesse miteinbezogen, um die Eigenverantwortung zu stärken.

RITUALE

Rituale für den Tagesbeginn

Persönliche, individuelle Begrüßung am Morgen; Ablaufplan für das Ankommen, z. B. Wo lege ich meine Sachen ab? Was kann ich vor Unterrichtsbeginn alles erledigen? Strukturierte Vorviertelstunde mit klaren Ablaufregeln und dem Vorlegen der Hausaufgaben; täglicher Morgenkreis mit **Stimmungsbarometern** (siehe S. 12); Gestaltung der Kreismitte, z. B. zu Festen im Jahreskreis oder passend zum Jahreslauf, mit persönlichen Gegenständen der Schüler*innen als Erzählanlass; besondere Aufgaben für *Glückskinder des Tages*, die bestimmt werden und an diesem Tag besondere Dinge dürfen, z. B. sich ein Spiel für alle aussuchen, sich als Erstes anstellen usw.; anhand von Bildkarten erklären: Wie ist der Tag strukturiert? Was erwartet uns heute? Gibt es Besonderheiten?

Rituale zum Tagesabschluss

Platz aufräumen, Abhaken der Klassendienste, Hausaufgaben notieren, Feedback-Runde zu den individuellen Zielen, positive Runde mit Aussagen über andere Schüler*innen oder sich selbst, gemeinsames Lied, gemeinsamer Satz, persönliche, individuelle Verabschiedung mit Handschlag

Rituale für den Unterrichtsbeginn

Akustische/optische Signale; gemeinsame Begrüßung, z. B. rhythmisch geklatschte Sprechverse, wie „Wir sind ein tolles Team und woll´n zusammen lernen“; Erinnern an individuelle Absprachen

9 Kounin, Jacob S. (1970): Discipline and Group Management in Classrooms. Holt, Rinehart and Winston.

Rituale nach der Pause

Kurze Geschichte vorlesen; Entspannung: Yoga, Chi Gong, Partnermassage, Atem-, Wahrnehmungs- und Stilleübung („Zeige jedes wahrgenommene Geräusch mit dem Finger an.“); Rätsel des Tages; gemeinsam einen Rhythmus klatschen

Wochen-Rituale

Montagmorgenkreis: Wochenüberblick; Schulleben, Austeilen neuer Wochenpläne, Einteilen von Ämtern und Diensten; wöchentliche *Thermometerstunde*, um aktuelle Sorgen und Nöte anzusprechen; Klassenrat; Wochenabschluss: Gespräch über das Wochenthema, Rückblick auf Wochenplanarbeit, Ausblick auf den nächsten Wochenplan; Stimmungsbarometer: Daumenabfrage (Daumen hoch/quer/unten); Gefühlslage mit Bildkarten und/oder Wortkarten beschreiben; Anheften der persönlichen Wäscheklammer an ein Gefühlsgesicht; sich Aussagen mit Punkten zuordnen: „Wie fühlst du dich heute Morgen?“ „Wie hast du dich beim Betreten des Klassenzimmers gefühlt?“ und zum Vergleich am Ende des Schultages: „Wie geht es dir jetzt?“, oder Barometer (dazu von einem DIN-A4-Blatt eines grünen Tonpapiers einen ca. 10 cm breiten Streifen abschneiden und an einen roten Streifen der gleichen Größe kleben; an die Enden in der entsprechenden Farbe je einen ovalen Kreis ankleben; für längere Lebensdauer laminieren, auf den Tisch legen und mit Wäscheklammern die Stimmung markieren lassen – im roten Kreis sehr wütend/aggressiv bis zum grünen Kreis sehr glücklich/zufrieden und entsprechend die Abstufungen dazwischen)

Klassenrat

Gezielte und schrittweise Einführung; Einsatz von Rollenkarten: z. B. der/die Vorsitzende führt durch die Tagesordnung, leitet die Diskussionen, führt die Abstimmungen durch; Protokollführer*in schreibt Ergebnisse in das Klassenratsbuch; Gleichstellungsbeauftragte*r achtet auf gleiche Redeanteile aller; Zeitwächter*in kümmert sich darum, dass die vorgegebene Zeit eingehalten wird, Ablauf: Begrüßung und Eröffnung, positive Runde („Das hast du gut gemacht“, „Danke, dass ...“, „Danke für ...“); Rückblick: Was ist aus den Ergebnissen vom letzten Mal geworden? Welche Anliegen oder Probleme gibt es heute? Wir sprechen über das Anliegen bzw. das Problem. Wir suchen eine Lösung und einigen uns! Wir stimmen über die Lösung ab und schreiben das Ergebnis im Klassenratsbuch auf; Magic Circle (als Alternative): Gesprächsrunde im kleineren Kreis, Leitung durch Schüler*in

Feste und Rituale im Jahreslauf

Zu bestimmten Festen, wie Weihnachten, Ostern, Karneval, Zuckerfest, Rosch Haschana oder Themen, wie Buchstabentag, Märchentag, Geschichtentag, Jahreszeitentag, gemeinsames gesundes Frühstück; Geburtstagsrituale, z. B. Glückwunschrunde, besondere Vorrechte für das Kind an diesem Tag

STRUKTUREN

Zeitliche Struktur

Stunden-, Tages- und Wochenpläne mit klaren Symbolen; Rhythmisierung durch psychohygienische Maßnahmen; fest geplante Bewegungs- und Entspannungsphasen; klare zeitliche Vorgaben für Beginn und Ende von Arbeitsphasen; Visualisierung z. B. durch Timer, Sanduhren

Räumliche Struktur

Klassenzimmer in mehrere Bereiche einteilen mit spezifischer Nutzung und entsprechenden Verhaltenserwartungen (Gruppenarbeit, Einzelarbeit, Sitzkreiszone); abgetrennt z. B. mit Klebstreifen; Änderung eines Bereichs z. B. durch Auflegen einer Plastikdecke, um aus dem Tisch einen Kunsttisch zu machen; Toilettenampel, damit nur ein Kind (mit Begleitung) den Raum verlässt; Haltestellen markieren auf dem Weg zu anderen Klassenräumen, zur Pause, zum Sport

Wo steht die Lehrkraft? Lehrer*in hat bestimmte Orte im Klassenzimmer für bestimmte Tätigkeiten: Platz zum Erklären, Erzählen, Einzelgespräche

Sitzordnung: für einzelne Schüler*innen nahe der Lehrkraft, um nonverbal reagieren zu können; für Einzelarbeit mit Blick an die Wand/das Fenster, um Ablenkung zu vermeiden; vorbereitete Plätze durch geklebte Namensstreifen am Platz

Arbeitsmaterialien: feste Ablageorte, Materialregale, mit Farben für jedes Fach zur besseren Orientierung, klare Beschriftung; Hausaufgabenparkplatz; Arbeitsplatz markieren mit Symbolen, Bildern; Arbeitsblätter nummerieren, regelmäßig abheften

Struktur im Unterricht

Bewusster Wechsel der Sozial- und Arbeitsformen mit Symbolen, Signalen, Ansagen; Visualisierung von Unterrichtsphasen und Lernorten; für das Holen und Wegräumen von Arbeitsmaterialien; für benötigte Materialien; sehr klare Arbeitsanweisungen

Hilfesysteme: mit persönlicher Wäscheklammer; wird an Hilfetafel gesetzt; grüne („alles ok") oder rote („benötige Hilfe") Karten am Arbeitsplatz

Übergänge: zwischen Arbeitsformen und Aktivitätsphasen; rechtzeitig ansagen, bzw. mit Signalen/Musik ankündigen; Unterbrechungen vermeiden; Aufrufen mit optischen/akustischen Signalen oder Zuwerfen eines Sandsäckchens; Aufrufen wechselweise Mädchen-Junge

REGELN

Ohne Regeln geht es nicht; Hilfen, um Achtung und Rücksichtnahme zu lernen; geben Schüler*innen Halt und Struktur; gewährleisten, dass jeder in Ruhe arbeiten und lernen kann: „Langsam, leise, friedlich, freundlich!"; neben Klassenregeln Regeln für die ganze Schule, für das Verhalten in der Pause (siehe **Pausenprobleme**, S. 90), für den Raumwechsel (Wer geht mit wem? Wer geht als Erster? Wer hält die Türen auf?), individuelle Regeln für einzelne Schüler*innen, welche mit der Lehrkraft festgelegt werden

Bei der Einführung von Regeln sind einige Dinge zu beachten:

- Wichtige Regeln von Anfang an **gemeinsam** und **schrittweise** mit den Schüler*innen einführen; der Sinn muss von der Klassengemeinschaft akzeptiert sein; von allen als gemeinsame Verpflichtung unterschreiben lassen; Eltern informieren; häufig reflektieren: Was läuft gut? Was müssen wir ändern?
- **Stressfreie** Einführung, ohne vorherigen Konflikt; gemeinsame Erarbeitung von Vorschlägen anhand von **Fallbeispielen** im Rollenspiel; Festlegung von – schritthaften – Konsequenzen bei Regelverstößen („Nach einmaligem Verstoß passiert dies, bei zweimaligen das ...")
- Erarbeiten, **was** mit der Regel gemeint ist, **wie** diese umgesetzt werden kann: z. B. „Wir sind freundlich" – Was hört man, wenn man freundlich ist? (freundliche Formulierungen) Was sieht man, wenn man freundlich ist? (freundliche Gesten) – Visualisierungen mit Symbolen; (vgl. TeamPinBoard nach Gerhard Kleindiek[10])
- Formulieren als **klare Verhaltenserwartung** mit einfachen, positiven Worten; Gebote und Ziele, statt Verboten; das erwartete Verhalten auch beobachtbar machen und genau beschreiben; mit „ich" oder „wir" beginnen; Vollverben, wie „sprechen", „melden", statt „sollen", „müssen", „können"; also anstelle von „Wir rufen nicht rein!" besser: „Wir melden uns!"

10 Kleindiek, Gerhard: Das TeamPinBoard. www.teampinboard.de

- Täglich an die Regel **erinnern**: allgemein (Regel der Woche); individuell („Auch von dir erwarte ich das jetzt.“); Regeleinhaltungen würdigen; auf Regelverletzungen sofort mit der angekündigten **Konsequenz** reagieren

GRUNDSÄTZE BEIM UMGANG MIT HERAUSFORDERNDEM VERHALTEN

SELBSTINSTRUKTION FÜR DIE LEHRKRAFT

Fühle ich mich durch das Verhalten des Schülers/der Schülerin persönlich angegriffen, muss ich als Lehrer/in versuchen, mich selber durch die spezielle Technik der Selbstinstruktion wieder zu beruhigen. Es hat sich bewährt, Folgendes leise vor sich hinzusagen:

> Ich atme tief durch. Ich zähle langsam von fünf herunter. Ich bleibe ruhig.
>
> Ich nehme es nicht persönlich. Ich agiere professionell.

Hat sich die Lehrkraft beruhigt, sollte sie sofort über die **Stopp-Technik**[11] intervenieren (Schüler*innen anleiten, Verhalten zu stoppen und über innere Gespräche Alternativen zu finden, siehe S. 49)

Es folgt eine klare Beobachtung: Wann zeigt der Schüler/die Schülerin welche Verhaltensweisen? In welchem Fach? Bei welchen Kolleg*innen? Zu welcher Tageszeit?

Beobachtung immer von der Bewertung trennen.

Die (multifaktorielle) Ursachenforschung erfolgt über Soziogramme; gezielte Lernstandsdiagnostiken, Gespräche mit dem Schüler/der Schülerin, den Eltern und Kolleg*innen

Im Folgenden eine Aufzählung mit mögliche Ursachen aus den verschiedenen Bereichen:

- Im Schüler/in der Schülerin: körperliche Gesundheit; Basisfertigkeiten (Motorik, akustische, visuelle, taktil-kinästhetische Informationsaufnahme, -verarbeitung; Körperschema; Gleichgewicht, Ausdauer usw.); seelisch-psychische Belastbarkeit; allgemeines Lernverhalten, wie Gedächtnisleistung, Abstraktionsfähigkeit, produktives Denken, Verbalisierungsfähigkeit; Lernbereitschaft; Arbeitsverhalten; Konzentrationsfähigkeit; Leistungsstand; Selbstbild; exekutive Kontrolle; spezielle Begabungen; Motivation usw.

---

11 Wolpe, Joseph/Lazarus, Arnold A. (1966): Behaviour Therapy Techniques. Oxford.

- Im Elternhaus: häusliches emotionales Klima; Unterstützungsangebote; Status; Leistungsanforderungen; Persönlichkeit der Eltern; aktuelle Krisen; Freizeitbeschäftigungen usw.
- In der Schule: Kontakt zur Lehrkraft, zu den Mitschüler*innen; Stellung in der Klasse; Klassenzusammensetzung; Schulorganisation; Anforderungsprofil; Unterrichtsstil der Lehrkraft; Classroom-Management
- Peer Group: Einfluss der Freund*innen und Bekannten im außerschulischen Kontext

Hat man sich einen Überblick über mögliche Ursachen verschafft, kann man gemeinsam mit dem Schüler/der Schülerin einen Interventionsplan erstellen – basierend auf Theorien (z. B. kooperative Verhaltensmodifikation nach Redlich/Schley;[12] Wygotskis Zone der nächsten Entwicklung;[13] kognitives Modellieren/Selbstinstruktion nach Meichenbaum;[14] Stressbewältigungstheorie nach Lazarus[15])

WICHTIG Wichtiger Grundsatz: Alle ins Boot holen (Shared Concern Method;[16] No Blame Approach, siehe **Mobbing** S. 81); u. U. professionelle Hilfe holen

12 Redlich, Alexander/Schley, Wilfried (1978): Kooperative Verhaltensmodifikation im Unterricht. München: Urban und Schwarzenberg.

13 Vygotski, Lew (1987): Ausgewählte Schriften. Band 2: Arbeiten zur psychischen Entwicklung der Persönlichkeit. Köln: Pahl-Rugenstein.

14 Meichenbaum, Donald W. (1979): Kognitive Verhaltensmodifikation. München: Urban & Schwarzenberg.

15 Lazarus Richard S./Folkman Susan (1984): Stress, Appraisal, and Coping. New York: Springer.

16 Pikas, Anatol (2002): New Developments of the Shared Concern Method. School Psychology International, 23, 307–336.

VERHALTENSAUFFÄLLIGKEITEN UND HERAUSFORDERUNGEN VON A BIS Z

WAS TUE ICH, WENN SCHÜLER*INNEN AGGRESSIV SIND?

Das Problem – Schüler*in zeigt Verhalten, das darauf abzielt, andere Menschen, Gegenstände oder sich selbst (Autoaggression) absichtlich zu schädigen; vor allem durch Wutausbrüche, Gewalttätigkeiten und Zerstörungen wird Klima der Angst in der Klasse erzeugt

Welche Verhaltensweisen zeigen die Schüler*innen? – Gegenüber Menschen: verbal (schimpfen, Beleidigungen), Verhalten (schlagen, treten, spucken, beißen, Dinge zerstören); Eigenaggressionen: Nägelkauen, Haare ausreißen, Kopf anschlagen, Hände und/oder Lippen zerbeißen

Welche Ursachen können dahinterstecken? – Angstmotiviert: gefühlte Bedrohung soll durch Wutausbruch gelindert werden; Frustrationen, z. B. Überforderung, aber auch Langeweile durch Unterforderung; soziale Probleme; zielgerichtet: eigene Bedürfnisse, Wünsche oder Ansprüche sollen damit verfolgt werden; negative Verstärkung lässt aggressives Verhalten aufrecht erhalten; Modelllernen durch Eltern, Lehrer*innen, Medienheld*innen; Verstärkung durch Umweltfaktoren, wie starker Lärm, Hitze, Arbeitslosigkeit der Eltern, Fehlen eines Elternteils, räumliche Enge; mögliche organische Ursachen

Was können Lehrer*innen tun?

WICHTIG Nicht selbst aggressiv, wütend oder hysterisch reagieren. Präventiv teambildende Maßnahmen, um Klassenzusammenhalt und Selbstwert der Schüler*innen zu stärken.

Hier eine kleine Auswahl sinnvoller präventiver Maßnahmen:

- Wichtigste Klassen-/Schulregel: Wir sind friedlich; Aggression nicht tolerieren; Entspannung einplanen, da Wut und Entspannung nicht vereinbar sind; Intervention auf schul-, klassen-, individueller Ebene
- Konfliktlösestrategien einüben mittels Modelllernen (hervorheben und verstärken) Rollenspiele; Theaterstücke; Streitschlichterausbildungen oder Projektwochen zu

den Themen „Gewaltfreie Konfliktlösung“, „Sich streiten lernen“, „Friedliches Lernen und Arbeiten“

- Beziehungsaufbau zur/zum aggressiven Schüler*in beispielsweise mit Gespräch über Hobbys
- Eigen- und Fremdwahrnehmung schulen: Erkennen der Gefühle anderer; Ausbilden von **Empathiefähigkeit** (z. B. anhand von Gesichtszügen auf Bildern/Fotos Gefühle beschreiben); Kontrollfähigkeit verbessern (siehe S. 48)
- Genau eruieren, wann das aggressive Verhalten auftritt (Auslöser, Verstärker), um Interventionen zielgerichtet festzulegen: Was ging dem Verhalten voraus? Wer war involviert? Wie haben sich die anderen verhalten?
- Aggressives Verhalten deutlich zurückweisen; **Stopp-Technik** mit Symbol einfordern (siehe S. 49); auf Wiedergutmachung/Entschuldigung bestehen, Beschädigtes muss ersetzt werden
- Stellungnahme über Vorfall verfassen:

„Mein Nachdenkblatt/Reflexionsbogen“

Beschreibe die Situation genau!
Was ging voraus?
Wie hast du dich verhalten?
Wie hat sich der andere/haben sich die anderen verhalten?
Was glaubst du, ging in dem/den anderen vor?
Wie hast du dich gefühlt?
Was hättest du dir von dem/den anderen gewünscht?
Was glaubst du, hätte der andere/hätten die anderen sich von dir gewünscht?
Wie hättest du dich besser verhalten können?
Was möchtest du jetzt unternehmen, damit sich der andere/die anderen wieder besser fühlt/fühlen?
Was würdest du erwarten, was der andere/die anderen jetzt tut/tun?

- Stufenweise reagieren: Signal 1, bei Wiederholung Signal 2, beim dritten Mal Auszeit/Time-out (Schüler*in verlässt den Raum, z. B. vor dem Klassenzimmer, in einer anderen Klasse, beim Schulleiter); Verhaltensverträge abschließen; Schulstrafe wie Verweis, Mitteilung an Eltern

- Trainingsraummodell:[17] Beruhigung für betroffene*n Schüler*in; Klärung des Verhaltens über Reflexionsfragen: Welche Regel wurde übertreten? Mit welchem Ziel? Welche angemessenen Alternativen hätte es zur Erreichung des Ziels gegeben? Was veränderst du bei der Rückkehr in der Klasse? Was kann dir dabei helfen?
- Bei aufkommender Aggression/Wut, einen Wutball drücken lassen; **Selbstinstruktionssätze** (Ich atme tief durch. Ich stecke meine Hände in die Hosentasche. Ich gehe aus dem Raum, bis ich mich beruhigt habe.)

WAS TUE ICH, WENN SCHÜLER*INNEN SEHR ÄNGSTLICH SIND?

Das Problem – Soziale Ängste, Leistungsangst, Prüfungsangst, Schulangst allgemein; evtl. daraus resultierend Schulverweigerung; Angst aus der Einsicht, dass die als bedrohlich eingeschätzte Situation mit den zur Verfügung stehenden Denk- und Verhaltensmöglichkeiten nicht bewältigt werden kann

Wie zeigt sich die Angst bei den Schüler*innen? – Schüler*innen sind besorgt und aufgeregt; machen sich Gedanken, ob sie den gestellten Aufgaben gerecht werden; kognitive Ressourcen sind nicht frei, Leistung zu zeigen; physiologische Reaktionen: Atemnot, erhöhter Puls, Verspannungen, Schweißausbrüche, Pupillenerweiterung; Flucht-, Vermeidungsreaktionen; motorische Unruhe; leise, zitternde Stimme; hastiges Sprechtempo; übertriebene Handbewegungen

WOVOR HABEN SCHÜLER*INNEN ANGST?

Trennungsangst: Reagieren häufig auf die Trennung von der Mutter oder einer Bezugsperson mit einer emotionalen Störung

Manifeste Ängste: Geborgenheits- und Anerkennungsgefühle fehlen, Schüler*innen haben Angst vor dem Alleinsein, vor fremden Personen oder vor einer Nichtanerkennung, was sich auf das Selbstwertgefühl der Schüler*innen auswirkt; reagieren auf Leistungssituationen in der Schule ängstlich; Angst vor dem Aufgerufen werden, vor der Gruppe zu sprechen, vor Kritik, Versagensangst

Soziale Ängstlichkeit: Schüler*innen erleben Erwachsene, Fremde oder auch Gleichaltrige als Gefahr, sind in ihren Sozialkontakten gehemmt, sozialer Rückzug; verstärkt, wenn

17 Powers, William T. (1973). Behavior: The control of perception. Chicago: Aldine de Gruyter.

aggressives Verhalten in der Klasse auftritt; Angst, nicht akzeptiert zu werden; Angst vor Wettbewerb, Angst vor verbaler, körperlicher Gewalt, vor Mobbing

WIE KÖNNEN LEHRER*INNEN ÄNGSTE FESTSTELLEN?

Sensible Diagnostik: Verhaltensbeobachtung mit einer detaillierten Beschreibung der auslösenden Situation

Gespräch mit den Eltern: Hilfreiche Infos für die Diagnostik und Interventionsplanung: Kennen Sie auch solche Reaktionen? Wann verhält sich das Kind so? Wie reagieren Sie, wenn sich das Kind ängstlich verhält?; **Diagnostik und Förderung durch Fachkraft** – Projektiver Test wie Baumtest,[18] objektiver Test: z. B. den Angstfragebogen; therapeutische Intervention: Desensibilisierung mit Annäherung an die Angstsituation in Kombination mit Entspannungselementen, Verstärkerplänen, Sicherheitstraining

WAS KÖNNEN LEHRER*INNEN TUN?

- Ängste der Schüler*innen ernst nehmen, nicht herunterspielen; Gelegenheit geben, Ängste mitzuteilen; Kummerkasten; Signale wahrnehmen; aktiv zuhören; sich Zeit nehmen („Wenn eine Fee deine Ängste wegnehmen könnte, was wäre anders?")
- Schüler*innen die Chance geben, sich mit der Angst auseinanderzusetzen, da Problemvermeidung die Angst nicht löschen kann
- Schüler*innen positiv verstärken, wenn sie in vermeintlichen Gefahrensituationen mit nicht-ängstlichem Verhalten reagieren (z. B. **Tootle Notes,** (siehe S. 44) und **Tokensystem** (siehe S. 8 u. 49))
- Selbstbewusstsein stärken, z. B. besondere Aufgaben übertragen; Schüler*in ihre/seine Stärken vor den anderen Mitschüler*innen demonstrieren lassen (in der Muttersprache vor den anderen sprechen, Kunstwerk ausstellen usw.)
- Initiieren von Patenschaften/Buddy-System[19] mit anderen Schüler*innen aus der Klasse/der Schule, während des Unterrichts/in der Pause
- Entspannung durch Fantasiereisen; Atemübungen, autogenes Training
- Rollenspiele, um mehr Vertrauen in die eigenen Fähigkeiten zu gewinnen; sich selbst behaupten; soziale Situationen bewältigen

18 Koch, Charles (1949): Der Baumtest. Mannheim: Huber Verlag.
19 Faller, Kurt u. a. (2007): Das Buddy-Prinzip. Soziales Lernen mit System. Buddy e.V., Düsseldorf.

- Umgang mit Misserfolgen lernen; erlernte Hilflosigkeit[20] abbauen; Kausalattribuierung[21] verbessern, also Erfolgserlebnisse auf Leistung des Schülers/der Schülerin zurückführen und sichtbar machen („Du hast viel geübt und hast dich jetzt verbessert.“); **Selbstinstruktion** (siehe S. 69)
- Bei Leistungsanforderungen anfangs die Schülerin/den Schüler bestimmen lassen, wann sie/er sich für den Test bereit fühlt; vielfältige Formen und Zeitpunkte der Leistungsbeurteilung einbeziehen (mündliche Beiträge, Lerntagbücher, Portfolios); transparente Leistungsanforderungen
- Schöne Klassenzimmeratmosphäre; angenehmes **Klassenklima** (siehe S. 53), welches angstfreies Lernen (Fragen-, Fehler- und Feedbackkultur) ermöglicht

WAS TUE ICH BEI AUFMERKSAMKEITSSCHWACHEN SCHÜLER*INNEN?

Das Problem – Aufmerksamkeits-Defizit-Syndrom mit (ADHS) oder ohne (ADS) Hyperaktivität; sehr komplexes Störungsbild mit vielen Erscheinungsformen; die häufigste Diagnose in der Kinderpsychiatrie (Döpfner & Lehmkuhl)[22]

Kernsymptome – Unaufmerksamkeit, Konzentrationsschwierigkeiten; erhöhte Ablenkbarkeit; mangelnde Ausdauer; mangelnde Impulskontrolle; impulsives Verhalten: erst handeln, dann denken; überschießende motorische Aktivität; motorische Unruhe; zappeln

Weitere mögliche Symptome bei AD(H)S – Tagträumerei; langsames Arbeitstempo; wenig Antrieb; oft schüchtern; oft sehr kritik-, schmerzempfindlich; häufig plan- und ziellos; Arbeitsmaterialien werden nicht gefunden; unordentliche und langsame Handschrift; häufiges Hineinrufen; Risikofreude; ständige Einsatzbereitschaft; spontane und ausgeprägte Hilfsbereitschaft

---

20 Martin E. P. Seligman (1975): Helplessness. On Depression, Development and Death. Freeman and Comp, San Francisco.

21 Weiner, Bernhard (1986): An Attributional Theory of Motivation and Emotion. New York: Springer-Verlag.

22 Döpfner, Manfred/Frölich, Jan/Lehmkuhl, Gerd (2013): Aufmerksamkeitsdefizit-/Hyperaktivitätsstörung (ADHS). Göttingen: Hogrefe Verlag.

ALLGEMEINES MODELL FÜR DIE ENTSTEHUNG DER AD(H)S-STÖRUNG

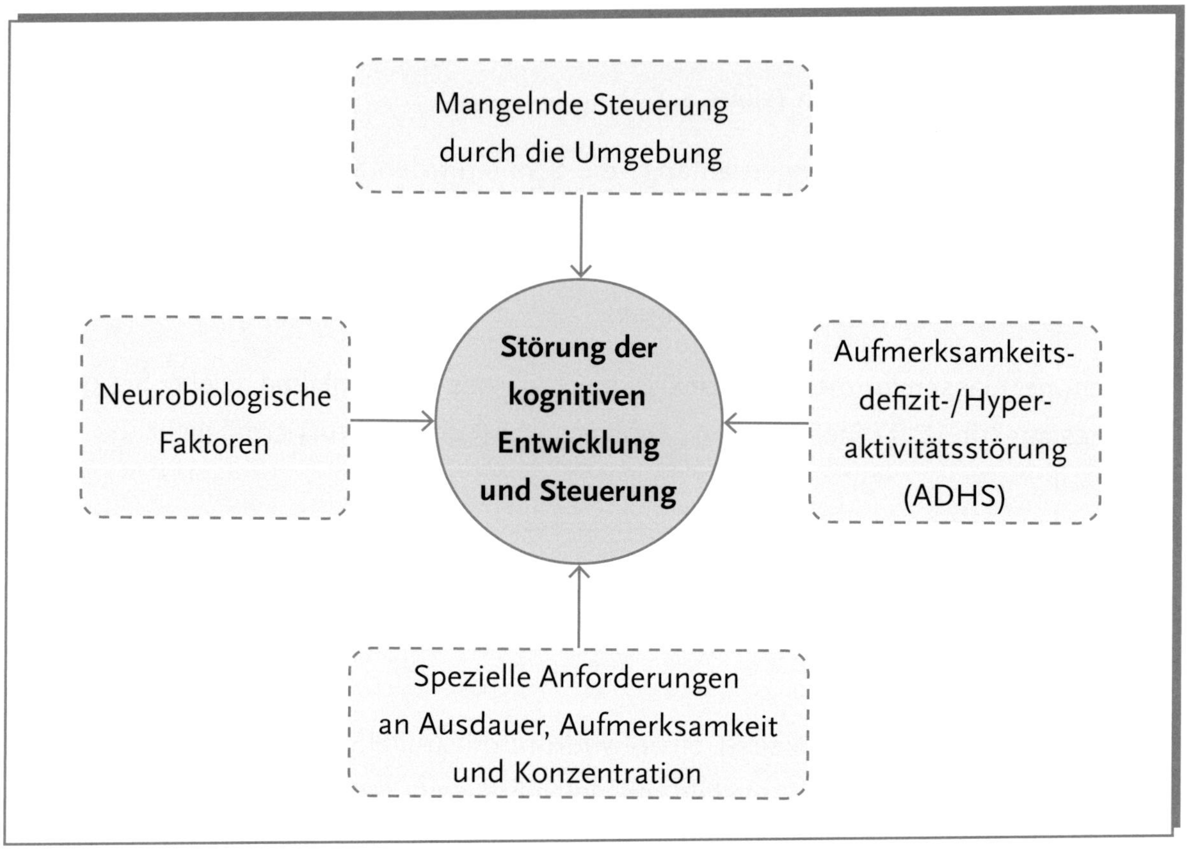

Abbildung: Allgemeines Modell für die multifaktorielle Entstehung der AD(H)S-Störung, Quelle: Döpfner, Manfred/Frölich, Jan/Lehmkuhl, Gerd (2013): Aufmerksamkeitsdefizit-/Hyperaktivitätsstörung (ADHS) aus der Reihe: Kinder- und Jugendpsychotherapie Band 1, Hogrefe Verlag, Göttingen, S. 15

WICHTIG Aufgrund der Vielfalt der gestörten Bereiche und der unterschiedlichen Ursachen ist diejenige Maßnahme, die einem Schüler/einer Schülerin den gewünschten Erfolg bringt, die richtige.

WAS KÖNNEN LEHRER*INNEN TUN?

- Klassenzimmer klar strukturieren, z. B. räumliche Unterteilung in Arbeits- Lese-, Sitzkreis-Zonen
- Reizreduzierung im Klassenzimmer; wenige Bilder an den Wänden; übersichtliche Materialangebote in den Regalen
- Einzeltisch oder zwei verschiedene Sitzplätze für Stillarbeit und Plenum
- Konkrete visuelle Hilfen für Arbeitsplatzgestaltung („Was kommt wohin?")
- Positive Rollenmodelle: Übernahme von Patenschaften, feste Sitzordnung bei Gruppenarbeiten einplanen

- Einsatz strukturierter Arbeits- und Wochenpläne; Zerlegen komplexer Aufgaben in überschaubare Teilschritte
- Reduzierte Materialien, Angebote der diversen Schulbuchverlage in Deutschland und Österreich zu Heften mit unterschiedlichen Lineaturen nutzen
- Einheitliche Farben für die einzelnen Fächer (z. B. alle Hefte und Mappen im Fach Mathematik blau); Tafelanschriften visuell gut durchgliedern; mit farbigen Stiften arbeiten
- Wichtige Lerninhalte in den ersten zwanzig Minuten einer Schulstunde
- Tägliche Rituale; Bewegungspausen; Entspannungsübungen; meditative Elemente; ritualisierte, symbolgeleitete Aufräumstrategien
- Blickkontakt, evtl. Berührung und persönliche Ansprache, um Schüler*in zum Unterricht zurückzuführen: wortloses Wegnehmen eines Gegenstandes; Deuten auf die Stelle im Heft, an der sie/er weiterarbeiten soll
- Vorwurfsfreier Umgang mit Schüler*in; Verständnis zeigen, rasche Ermüdbarkeit nicht als Faulheit auslegen, positive Verstärkung über **Token-System**, (siehe S. 8 u. 49) oder **Tootle Notes** (siehe S. 44)
- Einzelkontakt: flüstern und leise; falls nötig **Time-out** (siehe S. 18)
- Kurze, eindeutige Anweisungen durch eindeutige Symbole unterstützen
- Verhaltensmodifikation[23] durch akustische Signale, Handzeichen, Symbole, Gestik, Mimik, evtl. als Geheimzeichen (Daumen nach oben, Muggelstein an den Platz legen); **Selbstinstruktionssätze** (siehe S. 69)
- Auditive und/oder visuelle **Wahrnehmungsübungen** (siehe S. 51); gezielte fachliche Förderung zur Verminderung von Teilleistungsstörungen
- Kooperation mit Eltern: positive Verstärkung, Konsequenzen auch zu Hause; evtl. Familientherapie
- Verhaltenstherapie in Gruppen, Stärkung von Konzentration, sozialer Kompetenz, Selbstwert, Lernstrategien (siehe S. 68)

---

23 Ullmann, Leonard P./Krasner, Leonard (1965): A Psychological Approach to Abnormal Behavior. Englewood Cliffs: Prentice-Hall.

» WAS TUE ICH, WENN SCHÜLER*INNEN AUTISMUS HABEN?

Das Problem – Autismus-Spektrum-Störung ist eine tiefgreifende Entwicklungsstörung, die zu Mehrfachbehinderung führen kann (Sozialverhalten, Kommunikation und Sprache, Stereotypien, Interessen, Verhalten); mit 1 bis 2,5 Prozent keine seltene Störung; häufig gekoppelt mit AD(H)S; Jungen viermal häufiger betroffen als Mädchen

Ursachen – Bis heute nicht eindeutig geklärt; keine psychogene Störung; kein Erziehungsfehler, stattdessen multifaktorielles Ursachenbündel

Wie sehen Autisten ihre Welt? – Eingeschränkte „Theory of Mind",[24] also eine verminderte Fähigkeit, sich in andere Personen hineinzuversetzen, aufgrund einer Beeinträchtigung der Spiegelneuronen; daher Probleme, Gesichtsausdrücke zu deuten; Defizite im Bereich der exekutiven Funktionen, also der kognitiven Prozesse, die zukunfts- oder zielorientiert sind, führen zu einer veränderten Erwartungshaltung, Organisation, Flexibilität, Selbstbeobachtung; Mangel an zentraler Kohärenz, der Einbettung der Wahrnehmungsinhalte in einen Gesamtzusammenhang, führen dazu, dass Details isoliert gespeichert werden/ Kontextblindheit

Welche Besonderheiten zeigen Autisten? – Fehlen normaler Hin-und-Her-Konversation, eingeschränkte Kommunikationsinhalte; Empathie nur schwer möglich; teilweise völliges Fehlen von sozialer Interaktion; abnormes Verhalten bei Blickkontakt und Körpersprache; Defizite im Verstehen und Gebrauch nonverbaler Kommunikationsmittel, stellenweise kein Vorhandensein von Gestik und Mimik; Verständnis für subtile soziale Vorgänge ist beeinträchtigt; Stimmungen, Täuschungen und Ironie werden nicht erkannt, Interpretation von Situationen sachlich, nicht sozial; fehlendes Interesse an anderen Personen; Schwierigkeiten beim Anpassen des Verhaltens an unterschiedliche soziale Kontexte; Probleme, Freunde zu finden

Sprachliche Besonderheiten von Autisten – Gute Artikulation; formal korrekte Sprache; umfangreicher Wortschatz; wirken oft altklug; Selbstgespräche; wörtliches Verständnis von Sprache; kein Gespür für Small Talk; gestörte Prosodie; wenig melodische Stimme; inadäquate Betonung von Wörtern und Satzteilen; abgehackter Sprechrhythmus, gleiche Stimmstärke; oft stereotype oder repetitive Sprache

Verhaltensmuster – Stereotype Motorik oder Gebrauch von Objekten; exzessives Beharren auf Gewohnheiten; ritualisierte verbale und nonverbale Verhaltensmuster; exzessiver

---

24 Wimmer, Heinz/Perner, Josef (1983): Beliefs about Beliefs: Representation and Constraining Function of wrong Beliefs in young Children's Understanding of Deception. In: Cognition. Band 13, Nr. 1, S. 103–128.

Widerstand gegen Veränderungen; stark eingeschränkte, festgefahrene Interessen, abnorm bzgl. Intensität und Schwerpunktsetzung, z. B. starke Anziehung von ungewöhnlichen Objekten; Un- oder Überempfindlichkeit gegenüber Reizen (Schmerz, Lautstärke, Temperatur, Geruch)

WAS KÖNNEN LEHRER*INNEN TUN?

- Nicht zum Augenkontakt zwingen; auch Mitschüler*innen darüber informieren; statt Blickkontakt Zeichen als Rückmeldung einführen (beispielsweise Geste mit der Hand, wie ein Zeigen der Handfläche)
- Zeitpläne am Platz, Symbole für Arbeitsphasen; Einsatz von Wecker, Uhr
- Reizarmer Sitzplatz; Orientierung üben; möglichst wenig Wechsel
- Orte für Arbeitsmittel klären (Platz für Federmäppchen, Ablage, Heft), Markierungen (z. B. mit Klebeband), da visuelle Informationen von Menschen mit Autismus i. d. R. besser verarbeitet werden
- Ruhige, klare und sachliche verbale Anweisungen ohne Ironie. z. B. „Tue das ...“ statt „Ich würde das an deiner Stelle nicht tun.“
- Arbeits- und Handlungsplan mit Symbolen: Was ist zu tun? Wie viel ist zu tun? Wie ist die Reihenfolge? Wann ist die Arbeit fertig? Was kommt nach der Arbeit?
- Handlungskette in kleinen Schritten anbieten („Zuerst ...“); abhaken und leise vor sich hinsprechen lassen als **Selbstinstruktion** (siehe S. 69); Unwesentliches abdecken oder entfernen, Wesentliches hervorheben
- Rückzugsmöglichkeiten bieten; Autisten nicht zwingen
- Verantwortungsvolle Schüler*innen als Mentor*in/Buddy/Schulbegleiter*in
- Prüfungssituationen: evtl. im separaten Raum, gesonderte Erklärung, Zeitzuschlag, Alternativaufgaben, Bilderbeschreibung statt Geschichte
- Verkehrssicherheit bei Ausflügen beachten, Klassenfahrten genau planen; Veränderungen früh ankündigen (Kontaktheft zu Eltern)

» WAS TUE ICH, WENN SCHÜLER*INNEN SICH BESONDERS FÜHLEN?

Das Problem – Schüler*innen, die extrem verwöhnt sind oder aufgrund von Beeinträchtigungen von klein auf im Mittelpunkt standen, haben oft Probleme, sich in die Klasse zu integrieren; zeigen sprunghafte und flüchtige Aufmerksamkeit; geringe Belastbarkeit; hilfloses und unselbstständiges Lern- und Arbeitsverhalten; Leistungsfähigkeit der kleinen *Prinzessinnen/Machos* oft von ihrem seelischen Wohlbefinden abhängig; werden ihre Wünsche nicht erfüllt, arbeiten sie nicht oder erst nach persönlicher Ansprache durch die Lehrkraft; häufig extrinsische Motivation gewohnt; fehlende soziale Kompetenzen, haben nicht gelernt, zurückzustecken, mit nicht befriedigten Bedürfnissen umzugehen; Mitschüler*innen akzeptieren das Verhalten nicht; es kommt zu Spannungen; in schwierigen Situationen reagieren sie oft psychisch labil

WIE KÖNNEN LEHRER*INNEN DAMIT UMGEHEN?

- Erlernte Hilflosigkeit verlernen durch Selbstständigkeitstraining: Sammeln von Situationen, die für das Kind in der Vergangenheit problematisch waren und Erarbeiten von Zielen, wie es sich in ähnlichen Situationen anders verhalten könnte; Schüler*innen etwas zutrauen, sie ermutigen; Selbstinstruktion: „Ich schaffe das allein.“, Alternativverhalten positiv verstärken
- Respektvoll Grenzen setzen
- Reflexionsgespräch über Verhaltensweisen und Auswirkungen; evtl. auch Gruppengespräch mit denen, die an Konflikten beteiligt waren; die Schüler*innen erzählen der Reihe nach, wie sie den Hergang erlebt haben; erfahren, dass die Wahrnehmung von der anderer abweichen kann
- Empathieübungen; soziale Interaktionen; evtl. externe Gruppentherapie
- Bei kleinen *Machos*, die weibliche Autoritäten nicht akzeptieren, Rollenstereotype mit Klasse ansprechen, Verhaltensregeln über individuelle Pläne konsequent einfordern; Vieraugengespräche, damit sie ihr Gesicht nicht vor den anderen verlieren
- Elternkontakt aufnehmen – notwendig, aber oft schwierig, da Eltern von Kindern, die sich für besonders halten, oft selbst problematisch sind und sich schnell angegriffen fühlen; verlangen oft für ihr Kind eine Sonderbehandlung

WAS TUE ICH, WENN SCHÜLER*INNEN BETRÜGEN?

Das Problem – Schüler*innen, die abschreiben; schummeln, mogeln, spicken, sich während einer Prüfungssituation mit dem Nachbarn austauschen, das Buch oder Heft öffnen; sich unerlaubterweise das Smartphone zur Hilfe nehmen; Unterschriften der Eltern bei schriftlichen Leistungsnachweisen fälschen

Mögliche Ursachen – Überforderung; erlernte und erfolgreich angewandte Strategie für die Bewältigung von Prüfungssituationen; Unsicherheit; Erfolgsdruck; Versagensängste; Angst vor dem Sitzenbleiben; fehlende Übung; zu strenge Eltern; Faulheit; schlechte Vorbilder; fehlende Thematisierung

WAS KÖNNEN LEHRER*INNEN TUN?

WICHTIG Jüngeren Schüler*innen ist die Tragweite ihres Vergehens oft nicht bewusst, schließlich wurden sie angeleitet, im Team zu arbeiten.

- Problem „Abschreiben" mit der Klasse thematisieren: Leistungsnachweis soll eigene Leistung unter Beweis stellen. „Wie fühlt sich das an, wenn man eine gute Note bekommt und die Leistung selbst erbracht hat?" „Wie fühlt es sich an, wenn man eine gute Note durch Abschreiben erhalten hat?"
- Vereinbarung unterzeichnen lassen: Was ist in schriftlichen Leistungsnachweisen erlaubt, was nicht? Was passiert, wenn man sich nicht daran hält? (Wiederholen; Teile werden nicht bewertet, ganze Arbeit Note 6)
- Strategien für Bewältigung von Prüfungssituationen vermitteln, damit Abschreiben nicht nötig ist: z. B. Überblick verschaffen, leichte Aufgaben mit Smiley markieren, damit anfangen; Abhaken jeder bearbeiteten Aufgabe; schwierige Aufgaben zunächst überspringen; Ruhe bewahren; daran denken, was man kann usw.
- In Prüfungssituationen mit unterschiedlichen Angaben arbeiten; z. B. Aufgaben etwas verändern, Nummern vertauschen, Zeichnungen spiegeln; auch den Lösungsweg erklären lassen
- Schüler*innen bei Prüfungssituationen von hinten beobachten; besondere Schüler*innen im Auge behalten, bei Verdacht hingehen

» WAS TUE ICH, WENN SCHÜLER*INNEN CHRONISCH KRANK SIND?

Was versteht man darunter? – Definitionsgemäß muss eine biologische, psychologische oder kognitive Basis für eine Erkrankung vorliegen, die Krankheit mindestens seit einem Jahr andauern, es zu Einschränkungen im Alltag führen und kompensatorische Maßnahmen nötig sein. Folgende chronische Krankheiten sind häufig: Asthma, Epilepsie, Multiple Sklerose, Diabetes, Rheuma, aber auch **chronische psychische Krankheiten** wie AD(H)S (siehe S. 21), **Autismus** (siehe S. 27), **Depression** (siehe S. 31)

Grundsätzlich – Aufgrund der Vielfalt können in diesem Buch nicht alle chronische Erkrankungen umfassend thematisiert werden; Lehrer muss Symptome der jeweiligen chronischen Erkrankung kennen und wissen, welche Medikamente die/der Schüler*in wann einnimmt und was diese für Nebenwirkungen haben können. Dazu ist enger Kontakt mit Eltern notwendig: auch Klassenfahrten mit guter Planung und Organisation (Medikamente, Zimmerbelegung usw.) möglich; Schüler*innen soweit wie möglich normal behandeln, keine Sonderrolle einräumen; ihnen die Möglichkeit geben, an allem teilzunehmen; evtl. muss dazu einiges beachtet werden

Im Folgenden wird der Umgang mit Schüler*innen, die an den häufigsten chronischen Krankheiten leiden, thematisiert.

Schüler*innen mit Asthma: Asthma bronchiale ist mit 10 Prozent häufigste chronische Erkrankung im Kindesalter; Erkrankung der kleinen Atemwege, die sich durch eine entzündliche Reaktion verengen und somit die Atmung behindern.

Was ist zu beachten?

- Vorsicht mit Staub und Tierhaaren
- Regelmäßige Medikamenteneinnahme ermöglichen
- Mitschüler*innen informieren, um richtigen Umgang ohne Unter-, Überforderung zu erläutern
- Anstrengungsasthma im Sport durch sorgfältiges körperliches Aufwärmen und allmählicher Steigerung der Anstrengung vermeiden

- Schonung bei Erkältung
- Längeres Laufen kritisch, besser Intervallbelastung; erhöhte Ozonwerte und Pollenflug beachten
- Bei Ausflügen Krisenplan vorab erstellen

Was tun bei einem Asthmaanfall?

- Ruhe bewahren, Schüler*innen beruhigen, Schüler*innen nicht allein lassen
- Ruhig atmen lassen, Lippenbremse als Atemtechnik
- Kutschersitz als atemerleichternde Körperstellung einnehmen lassen: Dabei wird der Brustkorb vom Gewicht der Arme entlastet, denn erst wenn die Arme abgestützt sind, kann die Atemhilfsmuskulatur des Brustkorbs die Atmung unterstützen. Dazu leicht breitbeinig auf die vordere Hälfte eines Stuhls setzen, mit den Ellbogen auf den Oberschenkeln oder einem Tisch abstützen. Der Kopf wird leicht nach vorne geneigt und möglichst bequem gehalten.
- Auffordern, das Notfallmedikament zu nehmen; bei schriftlicher Genehmigung der Eltern selbst verabreichen
- Falls nach 20 Minuten trotz Medikamentengabe keine Besserung der Symptome eintritt und die Lippen möglicherweise bläulich verfärbt sind, Eltern benachrichtigen und Notarzt verständigen

Schüler*innen mit Migräne: Bei ca. 3,6 Prozent der 7- bis 17-Jährigen; häufigste Form chronischer Kopfschmerzen bei Kindern; genetisch bedingt steht deren Gehirn meist unter Hochspannung; Attacken nach Auslösern wie Anspannung, Entspannung, Schlafmangel, übermäßiger körperlicher Anstrengung, Wetterumschwung, bestimmten Nahrungsmitteln wie Schokolade, Infekten; häufig mit hoher Licht- und Lärmempfindlichkeit gekoppelt; dauert meist mehrere Stunden an; ein- oder beidseitig im Stirnbereich; häufig mit Übelkeit und Erbrechen, Blässe und Schwindelgefühl; z. T. auch Aura in Form von Lichtblitzen

Was ist zu beachten?

- Häufig mehr Fehltage als andere; Leiden ernst nehmen; kein Vermeidungsverhalten
- Während Kopfschmerzattacke ist Lern- und Leistungsfähigkeit eingeschränkt, geringe Konzentrationsfähigkeit
- Möglicherweise Hausaufgaben nur unvollständig/nicht vorhanden
- Teilweise im Sport auf zu hohe Belastung achten, speziell bei Hitze

WAS TUE ICH BEI CYBER-MOBBING?

Das Problem – Beleidigungen in sozialen Netzwerken im Internet wie Facebook, WhatsApp; jeder fünfte Jugendliche berichtet, dass schon Beleidigendes über ihn verbreitet wurde (JIM-Studie)[25], Mädchen etwas häufiger gefährdet als Jungen, kritischstes Alter zwischen 12 und 15 Jahren

Was ist das Besondere am Cyber-Mobbing? – Beleidigungen rund um die Uhr; großes Publikum kann erreicht werden; Inhalte verbreiten sich rasant und bleiben dauerhaft im Internet; Bullying (Schikanieren) kann anonym erfolgen; Betroffenheit des Opfers nicht unmittelbar wahrnehmbar

WIE WIRD GEMOBBT?

Schikane: Senden von beleidigenden und verletzenden Nachrichten über E-Mail, SMS, Instant-Messenger oder in Chats

Verleumdung: Verbreiten von Gerüchten in einem großen Personenkreis

Bloßstellen: Informationen, die nur einer bestimmten Person zugänglich gemacht wurden, werden an weitere Personen gesandt

Ausschluss: Bewusstes Sperren von Gruppen, Chats, sozialen Netzwerken

Was sagt das Gesetz? – Cybermobbing selbst kein Straftatbestand, aber hier vereinigen sich einzelne Straftaten, auch wenn Kinder unter 14 Jahren strafunmündig sind[26]

Wie stellt man Cybermobbing fest? – Häufig Vielzahl an Symptomen; Schüler*innen bedrückt, ungewöhnlich schweigsam oder nervös und angespannt; Ausreden für zerstörte oder verloren gegangene persönliche Gegenstände; unerklärliche körperliche Beschwerden vor einem Schulbesuch; Opfer will oft nicht mehr mit dem Bus in die Schule fahren oder will gebracht/abgeholt werden

WICHTIG Auf Verhaltensänderungen bei Schüler*innen achten!

---

25 Medienpädagogischer Forschungsverbund Südwest (2018): JIM-Studie 2018 – Jugend, Information, (Multi-)Media. http://www.mpfs.de/fileadmin/JIM-pdf13/JIMStudie2018.pdf

26 Strafgesetzbuch/StGB: Beleidigung (§185), üble Nachrede (§186), Nachstellung (§238), Verletzlichkeit der Vertraulichkeit des Wortes (§201), Verletzung der höchstpersönlichen Lebensbereiche durch Bildaufnahmen (§201a), Nötigung und Bedrohung (§240, 241), Urheberrechtgesetz: Recht am eigenen Bild (§22 KUG/KunstUrhG)

WAS KANN DIE SCHULE/DIE LEHRKRAFT TUN?

- Vor allem schnell reagieren!
- Klären: Was ist konkret vorgefallen? Wer ist beteiligt? Wie schwerwiegend ist es?
- Mit Beteiligten reden (Opfer – Täter)
- Eltern der Betroffenen informieren;

WICHTIG Schüler*innen-Handys nur mit Einwilligung der Eltern einsehen

- Beweismaterial bewahren – z. B. Handys einziehen
- Über Polizei, Staatsanwalt die Löschung von Bildern etc. verfügen
- Schüler*innen anleiten, nicht direkt auf beleidigende Nachrichten zu antworten
- Schulpsycholog*innen, Beratungslehrer*innen, Schulsozialarbeiter*innen kontaktieren
- Präventionsberater*innen der Polizei zu Rate ziehen (siehe Opferinformationen und Beratungsstellen im Internet)

PRÄVENTION AN DER SCHULE:

- Medienkompetenz aufbauen: Spezielle Module auf der Internetseite von klicksafe; Polizeibeamt*innen zu Vorträgen/Workshops zum Thema einladen: Umgang mit Handy/Smartphone und Internet in der Klasse und der Schule regeln
- Aufklärung für alle Schüler*innen/Eltern/Lehrkräfte über Cybermobbing (Unterrichtseinheit/Elternabend/Lehrerfortbildungen)
- Verhaltenskodex in Schulordnung integrieren: Mobbingfreie Schule; Zivilcourage und Eintreten für Mitschüler*innen in den Mittelpunkt stellen

WAS TUE ICH, WENN SCHÜLER*INNEN DEPRESSIV SIND?

Das Problem – Schüler*innen zeigen Passivität, Traurigkeit, Apathie, Teilnahmslosigkeit, Angst oder Melancholie; z. T. psychosomatische Beschwerden wie Bauch- oder Kopfschmerzen; häufiges Absinken der schulischen Leistungen; Rückzug von sozialen Kontakten; fühlen sich energielos, zeigen keine Anstrengungsbereitschaft, leiden unter Schuldgefühlen, resignieren; äußern suizidale Absichten; allerdings können im Kinder-

und Jugendalter oft untypische Verhaltensweisen wie z. B. Aggressivität oder starke Reizbarkeit gezeigt werden; Schweregrad der Störung nur über Kinder- und Jugendpsychiater*innen feststellbar

Mögliche Ursachen – Die Ursachen einer Depression können unterschiedlichster Natur sein, man spricht auch von Risikofaktoren:

Körperliche Ursachen:	Psychische Ursachen:	Genetische Ursachen:
Störung des Hirnstoffwechsels, Krankheiten (Parkinson, Tumore, Schilddrüsenunterfunktion etc.), Hormonstörungen, dauernde Schmerzen, chronische Erkrankungen	fehlende (frühkindliche) soziale Bindungen bzw. Fertigkeiten, Verlusterlebnisse (Trennung, Tod), traumatische Ereignisse (Missbrauch), Konflikte in der Familie, Stress und psychischer Druck, Wahrnehmungsverzerrung im Sinne der Theorie der erlernten Hilflosigkeit („Ich habe nie Glück!")	Gen-Umwelt-Interaktionen, familiäre Häufung, erhöhtes Risiko durch Vererbung

WAS KÖNNEN LEHRER*INNEN TUN?

» Genaue, detaillierte und längerfristige Beobachtung mit genauer Aufzeichnung; Wahrnehmung von Symptomen

  psychologische Symptome: Hoffnungslosigkeit, Gefühle von Schuld- und Wertlosigkeit, Unfähigkeit emotional zu reagieren

  physische Symptome: Kopfschmerzen, Gewichtsverlust durch Appetitlosigkeit, Schlafstörungen

  Symptome auf der Verhaltensebene: Veränderungen, Rückzug vom sozialen Leben, erkennbare Unruhe, veränderte Sprache

» Sensibles Gespräch mit Schüler*in (und Eltern): Wie fühlst du dich? Was sind deine Ziele? Stehst du unter Druck? Kannst du dir erklären, warum du häufig traurig bist? Wie lange dauert das Gefühl der Traurigkeit schon an?

- Aussagen nur in leichten Stadien der depressiven Verstimmung möglich; Bei fortgeschrittener Depression sind Selbstwahrnehmung und -reflexion den Kindern abhandengekommen
- Enger Kontakt zum Therapeuten notwendig (Round-Table-Gespräche); Umgang im Unterricht (Infos an Mitschüler*innen, Mentor/*in, Buddy an die Seite stellen) mit Therapeuten individuell abklären; teilweise stationäre Unterbringung in kinderpsychiatrische Klinik oder heilpädagogischen Tagesstätte nötig
- Äußert ein*e Schüler*in suizidale Absichten (verbal, schriftlich), zeigt sie/er stark verändertes Verhalten (Schulleistung, Äußeres, gegenüber Mitschüler*innen), muss die Lehrkraft sofort reagieren: Gespräch mit Eltern und Fachleuten suchen; mit der/dem Schüler*in ein sensibles Vieraugengespräch führen; aufmerksam zuhören, keine Ratschläge geben oder tadeln
- Bei leichten depressiven Zügen die/den Schüler*in ein Tagebuch schreiben lassen mit den schönen, erfolgreichen, oder auch lustigen Erlebnissen – Humor kann helfen
- **Stimmungsbarometer** (siehe S. 12) einsetzen, um die aktuelle eigene Gefühlslage einzuschätzen und die der anderen wahrzunehmen
- *Tankstellen* – an einem bestimmten Ort im Klassenzimmer bekommen Schüler*innen bei Bedarf von anderen ein positives Feedback oder *warme Dusche*, im Blitzlicht positive Eigenschaften eines Mitschülers/einer Mitschülerin nennen, der in schlechter Stimmung ist
- Bewusste Schulung im positiven Denken als individueller Plan:
  - Ich nehme negative Gedanken wahr, ziehe einen Schlussstrich darunter und wende mich etwas Positivem zu!
  - Ich schreibe positive Gedanken auf. Ich erstelle eine Liste mit Dingen, die mir gut tun. Ich führe ein Dankbarkeitstagebuch.
  - Ich vergleiche mich nicht mit anderen. Wie ist das heute schon gelungen?
  - Ich beobachte mich: Wie oft habe ich heute schon gelächelt?
  - Ich achte auf meine Sprache: Verwende Bitte, Danke; sage Positives zu anderen!
  - Ich belohne mich bei Pflichtaufgaben (wie Hausaufgaben) mit Dingen, die mir Freude machen!

WAS TUE ICH BEI DISZIPLINLOSIGKEIT?

Das Problem – Obwohl Regeln wie auf S. 14 beschrieben gemeinsam eingeführt wurden, übertreten manche Schüler*innen häufig die Regeln; melden sich nicht, schwätzen, hören nicht zu, lassen andere nicht ausreden, fangen noch während der Erklärung mit dem Arbeiten an, stehlen, zerstören Dinge, folgen den Anweisungen der Lehrkraft nicht, häufig auch bei Schulveranstaltungen, bei denen sich die Schüler*innen nicht richtig überwacht fühlen usw.

WARUM SIND SCHÜLER*INNEN DISZIPLINLOS?

Schüler*in: Will die/der Schüler*in Aufmerksamkeit auf sich ziehen? (Negativer Star) Ist sie/er ein*e Außenseiter*in und braucht Anerkennung? Ist sie/er unter- oder überfordert? Will sie/er Spaß und Abwechslung? Akzeptiert sie/er keine Autoritäten, vor allem weibliche? Steht sie/er unter großem Erwartungsdruck und schreibt deshalb ab?

Lehrer*in: Verstärkt der Lehrer/die Lehrerin negatives Verhalten durch Schimpfen? Ist sie/er nicht konsequent genug? („Das nächste Mal passiert dann aber wirklich was!")

Elternhaus: Hat die Schülerin/der Schüler aufgrund einer lockeren Erziehung noch nie die Notwendigkeit von Regeln erfahren?

WAS KÖNNEN LEHRER*INNEN TUN?

- Bei der ersten Regelverletzung sachlich an die Regel erinnern und auf die Bedeutung hinweisen: „Bitte geh von den Geräten weg!" (statt: „Musst du denn schon wieder ohne Erlaubnis an den Seilen hängen?"); beim Abschreiben 1-2-3-Signal; Lehrer*in hat es gesehen, gibt noch eine Chance
- Erinnerung an die Regel auf den Tisch legen: Symbol für die Regeln/Ohne-Worte-Signalkarte
- Bei wiederholtem Regelübertritt die Folgen einer weiteren Übertretung anzeigen: „Wenn man während des Geräteaufbaus an die Geräte geht, muss man sich an den Rand setzen." In diesem Fall kann die unpersönliche Formulierung zeigen, dass die Regel für alle gilt und es kann der/dem betroffenen Schüler*in helfen, nicht ihr/sein Gesicht zu verlieren
- Angekündigte – im Idealfall natürliche – Konsequenz bei weiterem Regelverstoß, dabei wenn möglich sachlich bleiben, damit Reaktion als Folge des Tuns akzeptiert werden kann

- Wird Lehrer*in emotional verletzt, dies zeigen: „Das reicht mir!“
- Bei den schwer einzuhaltenden Gesprächsregeln gibt es eine ganze Reihe von Hilfsmitteln, die es den Kindern einfacher machen, diese einzuhalten: Reden darf nur der mit Erzähl- oder Redestein (ein schön geformter und gefärbter Stein), Erzählstab oder Mikrofon ohne Kabel; Gesprächskappe; Gesprächsfaden (Wollknäuel, dessen Faden um den Finger gewickelt wird und dann dem nächsten Sprecher zugeworfen wird, so erhält man auch einen Überblick über soziale Strukturen wie bei einem Soziogramm)
- Bei häufigen Regelverletzungen die Beweggründe genau erforschen ohne voreilige Schlüsse zu ziehen und sein Urteil zu bestätigen („Typisch verwöhntes Kind, für das keine Regeln gelten!“)
- Mit **individuellen Zielvereinbarungen** arbeiten (siehe S. 10)
- Enge Zusammenarbeit mit den Eltern zur gegenseitigen Information; Eruierung der Hintergründe; Planen und Festlegen einzelner Schritte
- Kommt es in der gesamten Klasse zu gehäuften Regelverletzungen, Analyse des Unterrichtsstils und des Lehrerverhaltens notwendig; Klasse in die Festlegung/Einhaltung von Verhaltensregeln einbinden
- Bei Ausflügen/Schulveranstaltungen Ablauf mit Voraberwartungen genau durchsprechen; Schüler*innen Aufgaben übertragen
- Unterrichtsphase mit Rhythmen beenden, die vor- und nachgeklatscht werden
- Ansagen konsequent bei absoluter Aufmerksamkeit

WAS TUE ICH, WENN SCHÜLER*INNEN EGOISTISCH SIND?

Das Problem – Die bei kleinen Kindern normale und angeborene egozentrische Haltung zeigt sich zunehmend auch bei älteren Schüler*innen; diese haben Probleme, eigene Bedürfnisse in der Gruppe zurückzustecken; denken nur an sich; wollen im Mittelpunkt stehen; haben Probleme in der Gruppe; können nicht zusammenarbeiten; wollen ihre eigenen Interessen auf Kosten der anderen durchsetzen.

Mögliche Ursachen – Erziehungsfehler, wenige Sozialkontakte, **keine ausreichende emotionale Bindung** oder **verwöhnende Eltern** (siehe auch S. 26)

WAS KÖNNEN LEHRER*INNEN TUN?

- *Kleinen Egoisten* den Realitätsspiegel vorhalten, dazu ihr Verhalten rückmelden, spiegeln, damit diese allmählich eine realistischere Einschätzung des eigenen Verhaltens bekommen: Wie kam es zu dieser Situation? Wie hast du dich gefühlt? Wie glaubst du, haben sich die anderen gefühlt? Was meinst du, hätten sich die anderen in dieser Situation gewünscht?
- Therapeutische Rückmeldungen („Ich glaube, du wolltest damit erreichen, dass ...“); bei Problemen, die Beweggründe in Worte zu fassen, hilft die Vorgabe verschiedener Möglichkeiten.
- Ruhig und konsequent auf egoistisches Verhalten reagieren.
- Über Modelllernen von anderen lernen, wie man sich sozial verhält; Tandems bilden, bei dem diejenige/derjenige von anderen lernen kann, die ein Vorbild darstellen
- Positives Verhalten sofort verstärken
- Einüben von sozialem Verhalten in Kooperationsspielen, z. B. Reihumgeschichte: Hier müssen die Schüler*innen im Kreis einen vorgegebenen Satz sinnvoll weiterführen; gemeinsam mit einem Partner ohne Worte gemeinsam ein Bild malen
- Erlernen sozialer Verhaltensweisen an künstlichen Modellen, z. B. an einer Situation, die durch eine Geschichte oder ein Bild präsentiert und dann nachgespielt wird; im anschließenden Gespräch werden erwünschte Verhaltensweisen erarbeitet
- Erwünschte soziale Verhaltens- und Arbeitsweisen kleinschrittig einführen, also Themen behandeln, wie „Ich blicke den anderen beim Sprechen an“, „Ich lasse den anderen ausreden“, „Ich helfe einem anderen ohne aufgefordert zu werden“, „Wir finden einen Kompromiss“
- Aktiv zuhören (verstehen, was der andere sagen will); aktiv nachfragen („Warum war das ein Grund zur Freude?“, „Warum hat dich das geärgert?“); paraphrasieren, das eigene Verständnis vom Gesagten dem anderen rückmelden („Ich habe verstanden, dass ...“); Feedback bekommen („Wie hat der andere mich beim Erzählen wahrgenommen?“)
- Gruppe muss lernen, zu den überzogenen Ansprüchen einzelner Kinder Nein zu sagen
- Gruppenarbeit; das gesetzte Wochenziel (z. B. wir verteilen die Arbeiten in der Gruppe ohne Streiterei), an dem man gearbeitet hat, am Ende der Woche anhand von Ge-

sprächen oder Fragebögen reflektieren: Was war positiv? Was hat mich gestört? Was sollte nächstes Mal anders laufen?

Beispiel: Unser Wochenziel „Wir gehen höflich miteinander um“

Das sehen wir	Das hören wir
Freundliches Gesicht	Kannst du mir bitte helfen?
Körper einander zugewandt	Wir reden uns mit Vornamen an
Augen schauen sich an	Begrüßen, Verabschieden; Bitte, Danke
	Reden in Zimmerlautstärke

Angelehnt an: Gerhard, Kleindiek: TeamPinBoard www.teampinboard.de, Weidner, Margit (2005): Sozialziele-Katalog. Seelze-Velber.

WAS TUE ICH BEI PROBLEMEN MIT SCHÜLERELTERN?

Das Problem – Eltern sehen ihre Kinder mit dem Herzen, Lehrer*innen mit dem Verstand; unterschiedliche Auffassungen über Erziehung; Unzufriedenheit mit den Noten; Angst, dass das Kind nicht bestmöglich gefördert wird

Prävention – Die einzelnen Bereiche der Elternarbeit (Klassenelternabende; Gespräche im Rahmen der Elternsprechstunde; thematische Elternabende; informelle Elternkontakte) können vom Lehrer präventiv so gestaltet werden, dass Schwierigkeiten bereits im Vorfeld verhindert werden. Dabei können folgende Elemente helfen.

Bei der Gestaltung von Elternabenden

- Eltern als gleichberechtigte Kooperationspartner ansehen; offener und positiver Umgang, Arbeit auf Augenhöhe, z. B. gemeinsamer Sitzkreis, Anwendung von Methoden der Erwachsenenarbeit, teilnehmerzentrierte Vorgehensweisen und Elemente der Moderationsarbeit, z. B. kurzes Gruppengespräch/Austausch oder Blitzlichtrunde: Was möchte ich heute Abend mit nach Hause nehmen? Welche Anliegen bringe ich mit?, oder zum Schluss Feedbackrunde: Was nehme ich jetzt mit nach Hause? Was bleibt noch offen? Was hat mir heute gut/weniger gut gefallen?
- Zeitliche und inhaltliche Strukturierung des Abends visualisieren und transparent machen; spezielle Probleme in ein Einzelgespräch verschieben
- Vorab Abfrage mit *Wunschliste*, z. B. pädagogische Themen wie „Arbeit mit Lernleitern: wie, warum und wozu?“ oder „Hausaufgaben: Elternsache?“ oder Eltern-Round-Ta-

ble im Sinne einer Elternsupervision; Wünsche der Eltern ernst nehmen; evtl. Eltern als Experten oder Moderatoren des Elternabends

Bei der Planung und Durchführung von Einzelgesprächen

- Entscheidung je nach Thema, ob Schüler*innen daran teilnehmen sollten oder nicht; Gesprächsführung und -inhalte davon abhängig machen
- Vorab Gesprächsinhalte schriftlich planen; positive Seiten der Schülerin/des Schülers notieren und einige ansprechen
- Eventuell negativen Gefühlen und Ängsten der Eltern bedingt durch den Kontext der eigenen Schulzeit durch freundliches, offenes Auftreten begegnen
- Hilfreiche Tipps der Eltern im Kennen, Verstehen, Umgang mit dem Kind aufnehmen; zeigen, dass man gemeinsam auf der Suche nach dem Besten für das Kind ist; den Eltern Beobachtungen schildern, nicht Bewertungen (statt: „Ihr Kind ist depressiv", „Ich habe beobachtet, dass Lara oft traurig ist.")
- Zu Gesprächsbeginn Struktur des Gesprächs transparent machen in Bezug auf Inhalte, zeitlichen Rahmen; Eltern Themen benennen lassen; im Verlauf als Gesprächsexperte das Gespräch immer wieder strukturieren, auf ausgewogene Redeanteile achten, gemeinsame Ziele fixieren; Abschweifen verhindern; Gespräch zum eigentlichen Thema freundlich zurücklenken
- Am Gesprächsende die Effektivität reflektieren: Was fanden sie am Gespräch gut/weniger gut? Hätten sie sich noch andere Informationen gewünscht? Welche Wünsche haben Sie an unser nächstes Gespräch? Dieses Feedback hilft für die Durchführung weiterer Gespräche, zudem fühlen sich die Eltern dadurch wertgeschätzt und ernst genommen; Gesprächsprotokoll schreiben: Welche Ziele wurden in welchem Zeitraum gesetzt? Welche Entscheidungen wurden getroffen?
- Ritualisierte Formen der Zusammenarbeit, z. B. das „Wochenblatt" mit regelmäßigen schriftlichen Informationen zu den Lerninhalten und Aktivitäten der Woche, Klassenfeste, Elternheft für die Kommunikation zwischen Lehrer*in und Eltern; regelmäßige Gesprächszyklen, Elternwerkstatt, bei dem man sich für produktive Aktivitäten, z.B. zum Erstellen von Freiarbeitsmaterial trifft

INTERVENTION – WENN ES PROBLEME MIT DEN ELTERN GIBT

- Über die Probleme mit einem kompetenten und vertrauenswürdigen Gesprächspartner/Coach reden, dabei Perspektive wechseln, also Sicht der Eltern einnehmen und Handlungsalternativen suchen (z. B. Supervision)
- Krisengespräche sind effektiver, wenn Unbeteiligte das Gespräch moderieren
- Gespräche protokollieren; klare Vereinbarungen treffen; Protokoll von allen Beteiligten unterschreiben lassen und jedem eine Kopie aushändigen

WAS TUE ICH, WENN SCHÜLER*INNEN FAUL SIND?

Das Problem – „Null-Bock"-Mentalität, kein Interesse allgemein oder in einzelnen Fächern, keine Motivation, damit verbunden Passivität, Arbeitsunlust, evtl. sogar Schulunlust, Verweigerung; Arbeiten werden nicht angefangen, oberflächlich, schlampig ausgeführt, nicht zu Ende geführt; Arbeitsmaterial fehlt, wird vergessen; betont lässige Sitzhaltung

Mögliche Ursachen – Überforderung in einzelnen Fächern oder allgemein; evtl. vorhandene Teilleistungsschwäche; misserfolgsorientierte Erwartungshaltung; erlernte Hilflosigkeit; Leistungsdefizite; Konzentrationsschwäche; Unterforderung; Langeweile; Desinteresse; Probleme mit der Lehrkraft; umgeschulte Linkshändigkeit oder Störungen im Gleichgewichtssinn; familiäre Situation; Erziehungsstil der Eltern; Druck durch die Eltern; persönliche Krisen; Ablenkungen oder Störungen bei den Hausaufgaben; häufiger Medienkonsum; wenig mitreißender, rhythmisierter Unterricht; keine Differenzierung; Lerninhalte nicht an Schüler*inneninteressen orientiert; wenig selbstbestimmtes Lernen; Inhalte nicht als bedeutsam eingeschätzt; schlecht erklärte und sinnlose Hausaufgaben, die nur mangelhaft kontrolliert werden; Probleme mit den Mitschüler*innen; schlechte Vorbilder; körperliche Erkrankungen; Verwöhnung; nicht gelernt, Bedürfnisse aufzuschieben, Eigeninitiative zu entwickeln

WAS KÖNNEN LEHRER*INNEN TUN?

- Abklären durch Beobachtung und Ausschlussdiagnostik durch Beratungsfachkraft, ob Über- oder Unterforderung besteht
- Anregende Lernumgebung gemeinsam mit Schüler*innen gestalten

- Schülerorientierter Unterricht, der individuelle Interessens- und Begabungsschwerpunkte berücksichtigt (z. B. Expertenreferate, projektorientierte Vorhaben), selbstbestimmtes Lernen, soziales Eingebundensein (s. o.) ermöglicht
- Erfolgsmotivierung und -attribuierung aufbauen über kleinere, überschaubare Aufgaben
- Setzen von Teilzielen, motivierende **Selbstinstruktionssätze** („Ich schaffe das“, siehe auch S. 69), Belohnung beim Erreichen; unterschiedliche Methoden einsetzen
- Differenzierter und individualisierter Unterricht, der leistungsschwächere Schüler*innen fördert und leistungsstärkere Schüler*innen nicht unterfordert
- Auf Beendigung einer angefangenen Arbeit bestehen
- Schulische und häusliche Arbeiten würdigen und pädagogisch betreuen; positive Ansätze bestärken, Rückmeldung geben
- Aufgaben genau besprechen und Strategien zum Erarbeiten vermitteln
- Offene Arbeitsformen schrittweise einführen mit Möglichkeit zur selbstständigen Fehlerkontrolle; eine Bewertung durch die Lehrkraft könnte der/dem Schüler*in den Eindruck vermitteln, wieder etwas falsch gemacht zu haben, was zur Verweigerung führen kann
- Anreize für zügiges Arbeiten schaffen (z. B. Spiel); bei jüngeren Schüler*innen Nahziele, bei älteren Schüler*innen Aussicht auf Berufsperspektive, guten Abschluss
- Helfersystem; stärkere Schüler*innen ziehen andere mit
- Signale einführen, beispielsweise grüne Karte für „Jetzt geht's los – anfangen!“
- Reflexion des Lernprozesses: Was fiel mir leicht? Wo hatte ich Schwierigkeiten? Warum habe ich nicht angefangen? Was hätte ich gebraucht, um zu arbeiten? Was hindert mich? Wer könnte mich unterstützten? Welche Strategie habe ich angewandt? Wann und wodurch habe ich mich vom Arbeiten ablenken lassen? Habe ich ordentlich genug geplant? Bin ich mit dem Ergebnis zufrieden? Habe ich mich entsprechend belohnt? Was mache ich beim nächsten Mal genauso? Was muss ich verändern?

WAS TUE ICH BEI FRUSTRIERTEN SCHÜLER*INNEN?

Das Problem – Frustration als Zustand der Anspannung und Erregung; entsteht, wenn aktuelles erregtes Bedürfnis nicht befriedigt wird; Frustrationstoleranz als psychische Stärke, dies eine Zeitlang auszuhalten; wichtiger Faktor der Resilienz; bei niedriger Frustrationstoleranz geringe Bewältigungsfähigkeit; Person glaubt, dass Schmerz, Unannehmlichkeiten, Unbehagen oder andere unangenehme Dinge nicht auszuhalten sind; dabei steht der tatsächliche Grad der Unannehmlichkeit des befürchteten Ereignisses nicht zwangsläufig in einer direkten Beziehung zu der Bereitschaft, unangenehme Dinge auszuhalten; im Vordergrund steht die Überzeugung, unfähig zu sein, mit Dingen, die man nicht mag, umgehen zu können; die eigene Bewältigungsfähigkeit wird sehr niedrig eingeschätzt; kommt es häufig zu Frustrationen, so geht dies einher mit Unlust und Spannung und es können Enttäuschung, Resignation, Depression und Aggression erfolgen; dies erlebt man in der Schule häufig bei Spielen mit Wettbewerbscharakter u.a. im Sportunterricht, wenn Kinder nicht verlieren können und dies zu Aggressionen und Streitereien führt

Was steckt dahinter? Evtl. negatives Selbstbild aufgrund geringer Anerkennung durch die Eltern; erlernte geringe Frustrationstoleranz durch überbehütendes, stark verwöhnendes Erzieherverhalten mit wenig Ermutigung, Frust und Niederlagen auszuhalten und wegzustecken; physische oder psychische Störungen wie beispielsweise eine Aufmerksamkeitsschwäche oder eine taktile Wahrnehmungsschwäche, die zu Misserfolgserlebnissen und damit zu niedriger Frustrationstoleranz führt

WAS KÖNNEN LEHRER*INNEN TUN?

- Schüler*innen unterstützen, Selbstvertrauen zu gewinnen, z. B. durch ritualisierte Rückmeldungen über Stärken durch Mitschüler*innen: „Ich finde toll an dir, dass …“
- Können Schüler*innen aufgrund ihres negativen Selbstbildes kein Lob aushalten und werden albern oder wütend, das Verhalten sachlich zurückmelden oder Lob sehr beiläufig vermitteln über kurzes Kopfnicken oder leichten Körperkontakt, wie Hand auf die Schultern legen
- Fokussieren auf positive Dinge, die am Tag gut gelungen sind – auch in Form eines Tagebuchs
- Blockierende Gedankenmuster aufzeigen, z. B. „Schaff ich eh nicht!“; negative Gedanken führen dazu, sich der Aufgabe gar nicht erst zu stellen, sondern sofort aufzugeben. Diese negativen Gedanken in positive Formulierungen umwandeln und auf

Zettel schreiben und zur Erinnerung auf den Tisch legen: Wenn ich die Aufgabe nicht verstehe, fange ich mit der nächsten Aufgabe an. Wenn ich wütend werde, schließe ich meine Augen und atme tief ein und aus.

- Zu kleinen Erfolgserlebnissen mittels gezielten Differenzierungsmaßnahmen verhelfen, damit der Berg an Lernstoff nicht frustriert
- **Lernstrategien** (siehe S. 68) und Strategien für Bewältigung von **Prüfungssituationen** (siehe S. 26) vermitteln
- Gezielte Wahrnehmung der Lehrkraft: Schüler*innen, die bei Aufgaben, die ihnen zu schwer sind, zum Sitznachbar blicken, Stifte spitzen, aus dem Fenster starren usw. Hilfestellungen geben: „Die Aufgabe sieht schwierig aus, lesen wir sie doch gemeinsam!", „Du musst für jedes Wort nicht einen eigenen Satz finden, sondern du kannst auch einen Satz bilden, in dem mehrere Wörter vorkommen, dann wirst du auch rechtzeitig fertig."
- Anstrengung der Schüler*innen anerkennen und motivieren, durchzuhalten
- Schüler*innen helfen, Bedürfnisse aufzuschieben, z. B. Reinrufen oder Essen während Unterrichtsstunde konsequent unterbinden
- Den Schüler*innen den „Count-Down" als Methode vorstellen, damit sie lernen, nicht loszustürmen, sondern innerlich herunterzuzählen, sich damit zu beruhigen und dann mit einer Aufgabe o. ä. zu beginnen

WAS TUE ICH BEI GRUPPENKONFLIKTEN?

Das Problem – Klassengemeinschaft als *Zwangsgemeinschaft*, zu der in der Regel alle gehören wollen, jedoch Gruppenbildung und Cliquenbildung mit eigenen Normen und Regeln (Hackordnung, Markenzwang) möglich; Gruppenrollen (z. B. der Boss, der Clown, der Sündenbock, der Außenseiter, der Kritiker, der Mitläufer usw.) bilden sich heraus; manche werden ausgeschlossen oder unter Druck gesetzt; manche Schüler*innen leiden schweigend und werden depressiv, andere schlagen zurück und sind aggressiv; Störungen bei Gruppenarbeiten, wenn Gruppenmitglieder untereinander Probleme haben, nicht alle mitarbeiten können oder wollen

Mögliche weitere Probleme – Außenseiter, Ausgeschlossensein, Cliquenbildung, Modedruck, Opfertypen, Mobbing (siehe S. 81)

Mögliche Ursachen – Mangel an sozialer Kompetenz

WAS KÖNNEN LEHRER*INNEN TUN?

WICHTIG Lehrer*in als positives Vorbild für Kultur der Wertschätzung; höflicher, wertschätzender Umgangston; Komplimente machen

- Präventiv: Aufbau und Förderung der sozialen Kompetenz; Projekte oder Klassenfahrten mit Themen zur Stärkung des Sozialklimas und Schulung der Sensitivität („Ich und Du“, „Superfreunde“, „Piratenmannschaft“); häufiges Umsetzen, wechselnde soziale Arbeitsformen, um exklusive Gruppenbildung vorzubeugen
- Schrittweises Einführen von Gruppenarbeit; Strukturen, Aufgaben klären und vorgeben, z. B. Schreiber*in, Präsentator*in, Materialdienst, Zeitwächter*in, Gerechtigkeitswärter*in; Rollen wechseln lassen; Schüler*innen nach einer Zeit selber entscheiden lassen; mittels der **Klassengestalt** abfragen, worüber sich die Schüler*innen bei der Gruppenarbeit/in der Klasse usw. am meisten ärgern, freuen usw. (siehe S. 55)
- Übungen zur „Ich-Wahrnehmung“ (Steckbriefe, Selbstporträts, Ich-Collagen unter dem Motto „Ich mag an mir“), daneben Spiele und Aktionen zur Stärkung der Kooperation und Kommunikation der Klassengemeinschaft und **Verbesserung des Klassenklimas** (siehe S. 53); dazu Analyse der Rollen in der Klasse u. a. über Beobachtung/Soziogramme
- Schweigen Gruppenmitglieder aufgrund von Furcht oder Überforderung individuell ermuntern; Arbeiten differenzieren und individualisieren; aktivierende Methoden einsetzen
- Zu hohen Redeanteil von Gruppenmitgliedern aufgrund von Imponiergehabe dies deutlich stoppen (**Stopp-Technik**, siehe S. 49) und in einem Standbild die Szene nachstellen und so bewusst machen
- Bei hohem Redeanteil aufgrund umfangreichen Wissens Extrazeit gewähren oder Expertenreferate anbieten
- Bei Störungen der Gruppenarbeit aufgrund von Konzentrationsschwäche eingreifen und Auszeit/**Time-out** (siehe S. 18) gewähren
- Werden andere unterbrochen aufgrund mangelnder Wertschätzung, mit diesem Verhalten konfrontieren
- Gruppenclown aufgrund mangelnden Selbstwertgefühls positive Rückmeldung geben
- Bei Langweile oder Unzufriedenheit während der Gruppenarbeit Verträge abschließen

- Schwätzen Schüler*innen häufig, Regeln und Konsequenzen festlegen und Regeln einfordern
- Außenseitern bei Stärkung des Selbstwertgefühls helfen, u.a. durch Zuteilung besonderer Aufgaben, statussteigernde Rückmeldungen über positive Verhaltensweisen; **Tootle Notes**, Rückmeldekarten über positives Verhalten von Lehrer*innen oder Mitschüler*innen
- **Integration in die Klassengemeinschaft** z. B. über Gruppenziele, kooperative Arbeitsformen wie Gruppenpuzzle; Zuweisung von *Bodyguards* oder *Freundschaftsbetreuung* (Team mit sozial sehr weit entwickelten Schüler*innen als Rollenmodell)

WAS TUE ICH BEI HAUSAUFGABENPROBLEMEN?

Das Problem – Organisatorische, inhaltliche oder psychische Auffälligkeiten im häuslichen und schulischen Bereich im Kontext mit den Hausaufgaben

Mögliche (vielfältige) Ursachen – Überforderung, Wissensdefizite in einem Fach/Fachbereich führen zu Vermeidungsverhalten; fehlende Lern- bzw. Arbeitsstrategien verhindern selbstständiges Arbeiten; häufig kommt erlernte Hilflosigkeit dazu – es klappt, wenn ein Elternteil anwesend ist; häusliches Umfeld lenkt ab, führt zu Unkonzentriertheit; Kind ist am Nachmittag alleine und fühlt sich auch alleine, erledigt Arbeiten bewusst sehr unordentlich oder gar nicht; Schüler*in erkennt den Sinn in den Hausaufgaben nicht, schreibt sie daher ab; Motivationsproblem; Hausaufgaben werden von Eltern zu wenig oder zu viel kontrolliert

WAS KÖNNEN LEHRER*INNEN TUN?

Präventiv und interventiv

- Hausaufgaben an Leistungs- und Konzentrationsfähigkeit der Schüler*innen anpassen; mit Kolleg*innen absprechen, Eltern von Anfang an Art und Umfang der Hausaufgaben transparent machen: als grobe Richtlinie im 1. und 2. Schuljahr ca. 30 Minuten, im 3. und 4. ca. 45 Minuten, für die Klassen 5 und 6 je 90 Minuten – für die Klassen 7 bis 10 ca. 120 Minuten pro Tag
- Hausaufgaben genau vorbesprechen, ähnliche Aufgaben im Unterricht behandeln, damit Schüler*innen diese selbst ohne elterliche Hilfe anfertigen können

- Elternabend zum Schuljahresanfang, z. B. „Hausaufgaben: Elternsache?“, „Wie helfe ich meinem Kind richtig?“ oder „Lernen lernen: Früh übt sich, denn es lohnt sich!“; Infos über Hausaufgabenorganisation, Mithilfe, Krankheitsfall usw., Themen, Lernstrategien, Konzentration, Arbeitsverhalten, Motivation, Selbstständigkeit, Rolle der Eltern im Prozess; *Bemutterungsproblematik* (nicht loslassen können), Empfehlung für Erziehungsberatungsstelle geben, auch für unterschiedliche Erstsprachen möglich
- Zusammenarbeit mit Elternhaus, falls Kind Hausaufgaben zu Hause verschweigt möglich: tägliche Anrufe, Nachrichten etc.
- Bedeutung von Eigenkontrolle und Kontrolle durch den Partner; Bewertung, Würdigung von Hausaufgaben; Zusammenhang zwischen Übung/Hausaufgaben und guten Noten/Zukunftsvorstellung mit Schüler*innen besprechen
- Belohnungssystem (Stempel, Sticker oder Zeichen) zum Einlösen für positiven Verstärker; Einführung eines konsequent durchgeführten häuslichen Belohnungssystems für Ausdauer und Ordentlichkeit (z. B. **Token-System**, siehe S. 8 u. 49); Teilerfolge loben
- Einheitliche Struktur der Hausaufgaben/Regelmäßigkeit
- Abwechslungsreiche Hausaufgaben, z. B. auch vorbereitend (Umfrage zum Thema durchführen, Sammeln von Informationsmaterial); Hausaufgabe im Team
- Wissensdefizite/Grundlagenprobleme über Förderkurse, Nachhilfe etc. ausgleichen (z. B. sozialpädagogische Lernhilfe)
- Differenzierte Hausaufgaben möglich; Selbstkontrollaufgaben wie Puzzle, Mustermalaufgaben
- Arbeits- und Lernstrategien (siehe S. 68) einüben; Organisation des Lernens (Was genau muss ich tun? Womit will ich anfangen? Was brauche ich dafür? Was tue ich, wenn ich nicht weiter weiß?), Bedeutung eines ordentlichen Arbeitsplatzes, Möglichkeiten der Eigenmotivation, Hilfen für die Entspannung, hilfreiche Lernstrategien, wie Spickzettel schreiben, Fantasiereisen unternehmen, Lernplakate anfertigen
- Anfertigen eines Arbeitsplanes, in dem Arbeits- und Pausenzeiten eingetragen werden: Was soll wann erledigt werden?, an Bewegungszeiten und Biorhythmus denken
- Lärmschutzkopfhörer empfehlen für die häusliche Arbeit

- Hausaufgaben gemeinsam mit einem Klassenkameraden anfertigen lassen
- Hausaufgaben als Pflicht der Schülerin/des Schülers per Vertrag mit ihm einfordern

WAS TUE ICH BEI HOCHBEGABTEN SCHÜLER*INNEN?

Das Problem – Falls nicht als hochbegabt erkannt, häufig *Underachiver*, Anpassung an Unterforderung; Entfaltung der Begabungspotentiale gehemmt, Reaktion mit Persönlichkeits- Verhaltensstörungen; Risikogruppe Mädchen und Schüler*innen mit Migrationshintergrund, Schüler*innen mit Verhaltensauffälligkeiten wie Aggressionen, Rückzug, Depressionen, AD(H)S; Legasthenie usw.; teilweise Einstufung des Kindes durch die Eltern als hochbegabt ohne Diagnostik, damit hoher Erwartungsdruck und permanente Überforderung, psychische Belastung, psychosomatische Reaktionen, depressive oder aggressives Verhalten, Verweigerungsverhalten

Unterscheidung zwischen allgemein geistigem Potential/Allgemeinbegabung und Sonderbegabung/Spezialbegabung oder Talent: Münchner Hochbegabungsmodell nach Heller u. a.[27] stellt die Hochbegabung als ein multifaktorielles Konstrukt dar, in dem mannigfaltige Komponenten der kindlichen Persönlichkeit berücksichtigt werden. Neben den Begabungsfaktoren (Intelligenz, Kreativität, Soziale Kompetenz, Psychomotorik) und den nichtkognitiven Persönlichkeitsmerkmalen (Leistungsmotivation, Stressbewältigung, Lernstrategien, Angst) spielen das soziale Lernumfeld (Anregungsgehalt, Familienmilieu, Klassenklima, kritische Lebensereignisse) eine entscheidende Rolle.

WIE ERKENNEN LEHRER*INNEN HOCHBEGABTE KINDER?

Intelligenzquotient, der über 130 liegt, durch Test von Psycholog*innen, z. B. Hamburg Wechsler Intelligenztest für Kinder;[28] auffallende Neugierde, kreative Denkschemata, originelle Lösungen; Noten sind häufig überdurchschnittlich und die Schüler*innen gehören zum leistungsstarken Teil der Klasse; teilweise aber auch nicht; sie arbeiten schnell, sind intrinsisch motiviert, gehen aufgaben- und zielorientiert vor und können sich Fakten schnell merken; sie gehen in Problemen richtig auf, durchschauen schnell die Ursache-Wirkungs-Beziehungen, suchen nach Gemeinsamkeiten und Unterschieden und streben nach Perfektion; Routineaufgaben langweilen sie; arbeiten gerne selbstständig, mit ausreichend Zeit; sind bestrebt ihr hohes Lernbedürfnis zu stillen; setzen sich selbst

27 Heller, Kurt A. (Hrsg.) (2000): Lehrbuch Begabungsdiagnostik in der Schul- und Erziehungsberatung. Bern: Verlag Hans Huber.

28 Petermann, Franz/Daseking, Monika (Hrsg.) (2010): Fallbuch HAWIK-IV.). Bern: Verlag Hans Huber.

hohe Leistungsziele, wollen diese (perfekt) bewältigen und sind bestrebt, ohne Hilfe von Erwachsenen auszukomme; sind selbstkritisch und nicht gleich mit jeder (einfachen) Lösung zufrieden;

Checkliste als einfache Methode zum Erkennen einer Hochbegabung:

Das Kind ...

- überrascht häufig durch originelle Ideen und Vorschläge.
- hat eine ausdrucksvolle, ausgearbeitete und flüssige Sprache.
- ist sehr selbstständig.
- hat in einzelnen Bereichen ein hohes Detailwissen.
- neigt schnell dazu über Situationen zu bestimmen.
- kann außergewöhnlich gut beobachten.

WAS KÖNNEN LEHRER*INNEN TUN?

Lehrer*innen können Hochbegabte fördern und unterstützen:

- Anreicherung der Lernumgebung/*Enrichment*, z. B. durch innere Differenzierung: Individualisierung; differenzierte Hausaufgaben; Projektarbeit; keine mechanischen Übungen; persönliche Themen erarbeiten und präsentieren lassen; Schulbücher/Medien der höheren Jahrgangsstufe einsetzen; Wochenplanarbeit, auch von der Schülerin/vom Schüler erstellt; Lernen durch Lehren; Zusatzaufgaben; Betreuungsaufgaben; Helfersystem; philosophische Fragestellungen einbauen; problemlösendes Denken forcieren; kreative Aufgaben anbieten; Mathematik: Logicals, Tangram, selber erstellte Matheaufgaben, Wettbewerbe, wie Mathe-Känguru; Deutsch: kreatives Schreiben („Was wäre, wenn ...?"; Geschichten zu Ende schreiben) Klassentagebuch; Referate usw.; Sachfächer: Forscherfragen, Experten; eigene Experimente, Langzeitbeobachtungen betreuen
- Äußere Differenzierungsmaßnahmen: Neigungsgruppen, -kurse; teilweise Versetzung für ein bestimmtes Fach in eine höhere Klasse
- Außerschulische Anreicherung: Musikschule, Kinderbibliotheken, Kinderuni, Sportverein, Volkshochschule
- Beschleunigung der schulischen Laufbahn/Akzeleration: Vorzeitige Einschulung (nach einer eingehenden Expertendiagnostik); Überspringen einer Klasse in Koope-

ration mit Eltern, Lehrer*innen und Beratungskräften; Übertritt nach der 3. Klasse mit schulpsychologischem Gutachten

» WAS TUE ICH MIT IMPULSIVEN SCHÜLER*INNEN?

Das Problem – Schüler*innen platzen häufig mit Antworten heraus, bevor Fragen zu Ende gestellt wurden; können häufig nicht ruhig in einer Reihe stehen; bei Spielen oder Gruppensituationen warten, bis sie dran sind; unterbrechen oder stören andere häufig, platzen z. B. in die Unterhaltung oder Spiele anderer; reden häufig übermäßig viel, ohne angemessen auf soziale Beschränkungen zu reagieren (Kriterien nach ICD 10)

Impulsivität wird definiert als das Versagen, dem Impuls, Trieb oder der Versuchung zu widerstehen, eine Handlung auszuführen, die für die Person selbst oder für andere schädlich ist.[29]

Mögliche Ursachen – Emotionale Erregung (z. B. Wunsch nach sozialer Anerkennung, Wunsch nach guten Noten, Angst vor schlechten Ergebnissen usw.); unwillkürliche Handlung als Reaktion auf eine belastende Situation und fehlenden Handlungsalternativen; Fehlen eines internen Stopp-Signals, das sie darauf hinweist, langsam und überlegt vorzugehen und erst einmal die Bremse zu ziehen; mögliches Symptom verschiedener psychischer Störungen, u. a. AD(H)S, Persönlichkeitsstörungen, Zwangsstörungen

WAS KÖNNEN DIE LEHRER*INNEN TUN?

Ziel: Förderung der Selbstreflexion und damit eines besonnen und systematischen Vorgehens der Schülerin/des Schülers

- Modellverhalten anderer Schüler*innen und der Lehrkraft
- Konsequenz, z. B. nicht drannehmen, wenn die/der Schüler*in hineinruft; Schüler*in führt Striche für jedes Hineinrufen pro Stunde; Belohnung bei Senkung
- Faires, möglichst unauffälliges und für die/den Schüler*in erträgliches Feedback z. B. Symbol, das die Lehrkraft dem Schüler hinlegt, um zur Selbstbeobachtung anzuregen; hilfreich dabei ist eine Sitzposition in der Nähe der Lehrkraft

29 Herpertz, Sabine C./Saß, Henning (2000): Die Sichtweise der Borderline- Persönlichkeitsstörung in der historischen und aktuellen psychiatrischen Klassifikation. In: Kernberg Otto F./Dulz Birger/Sachsse Ulrich: Handbuch der Borderline-Störungen. Stuttgart: Schattauer, 115–124.

- Stopp-Signal: z. B. rotes, verkleinertes Stopp-Schild; roter Ball; rote Murmel als nonverbaler Impuls; Schüler*in soll gedanklich innehalten: Was ist eigentlich gefragt? Wie weit bin ich schon? Was ist mir heute gut gelungen? Was passiert, wenn ich weitermache? Will ich das wirklich? Welche andere Möglichkeit habe ich?; Alternativ bei schlagenden Schüler*innen anleiten, die Hände in die Hosentasche zu stecken als Stopp-Reaktion
- Gespräche über die Folgen des impulsiven Verhaltens und Ausblick auf Verbesserung der Leistungen bei einer Veränderung des Arbeitsstils
- Selbstreguliertes Lernen einüben: realistische Ziele setzen; detaillierte Aufgabenanalyse, schrittweise Planung und Durchführung der Aufgabe; Einsatz von **Selbstinstruktion** (siehe auch S. 69) und lautem Denken: Lehrer*in ist Modell, demonstriert die Lösung mit gleichzeitig lautem Denken, Schüler*in führt Handlung aus, Lehrer*in sprich dabei hilfreiche Gedanken in der Ich-Form, Schüler*in kann anschließend Selbstinstruktion selber ausführen beim Handeln: Was ist bei der Aufgabe zu tun? Wo liegt die Schwierigkeit? Welche Schritte führen in welcher Reihenfolge zur Lösung? – Ich arbeite sorgfältig. Ich überprüfe das Ergebnis. Das habe ich gut gemacht. usw.
- Kleinschrittiges Einüben einzelner Regeln; Kinder sind i. d. R. oft nicht in der Lage, alle Regeln auf einmal zu beachten; Lerntagebuch führen; individuelle Tokensysteme, z. B. Mein heutiges Ziel: Ich nehme Tipps meiner Mitschüler*innen an; so ist mir das Ziel gelungen?; ☺ ☹ entsprechenden Smiley ankreuzen
- Bestimmte Zeit vereinbaren, in der die/der Schüler*in nicht reden soll; mit Timer visualisieren; nach erfolgreichem Bestehen Belohnung
- Rollenspiele, in denen soziale Situationen einmal impulsiv und einmal reflexiv durchgespielt werden
- Achtsamkeitsübungen, Wahrnehmen der Umgebung mit allen Sinnen; bewusste Atemübungen, **kurze Atemübung**: Aufrecht auf einen Stuhl setzen. Die Füße auf den Boden stellen und gegen den Boden stemmen, sodass sich der Oberkörper von selbst aufrichtet. Die Hände liegen dabei auf den Oberschenkeln. Nun nach vorne beugen und ein langes „Uuuh!" summen; Oberkörper auf die Oberschenkel auflegen, vornüber gebeugt bleiben und tief aus- und einatmen. Nun die Füße wieder fest auf den Boden stemmen, wieder „Uuuh!" summen und sich langsam, Wirbel für Wirbel aufrichten. Ausatmen, Summen, die Arme auf die Oberschenkel stützen, einatmen.

» WIE GEHE ICH MIT DEM THEMA INKLUSION UM?

Das Problem – Seit Aufhebung der Lernzielgleichheit soll es allen Schüler*innen ermöglicht werden, Kompetenzen je nach individuellen Fähigkeiten zu entwickeln; Heterogenität verlangt nach Kenntnis der verschiedenen Förderschwerpunkte und nach Unterstützungssystemen (u. a. mobiler sonderpädagogischer Dienst), um diese Herausforderung zu bewältigen.

WAS KÖNNEN LEHRER*INNEN TUN?

WICHTIG Von den Schüler*innen aus denken – was brauchen sie? Klassengemeinschaft stärken; Vielfalt als Chance sehen

Förderschwerpunkt Lernen: Probleme in spezifischen kognitiven (oft exekutiven) Funktionen, daher häufig Schwierigkeiten bei der Speicherung und beim Abruf von Lerninhalten; Lernverhalten wenig zielgerichtet, Probleme mit der Aufmerksamkeit und der Konzentration; können nur schwer Strategien für die Problemlösung entwickeln; häufig noch unzureichende Beherrschung der deutschen Sprache, **Fördermaßnahmen** nötig (siehe S. 68)

Förderschwerpunkt sozial-emotionale Entwicklung: Gravierende Verhaltensstörungen und negatives Selbstbild; große Schwierigkeiten, Regeln zu befolgen und Arbeitsanweisungen auszuführen; externalisierenden Verhaltensauffälligkeiten oft aggressiv und destruktiv, die internalisierenden angstvoll und gehemmt; häufiger **sozialer Rückzug** (Fördermaßnahmen siehe S. 17, 19, 107, 109, 110)

Förderschwerpunkt Sprache: **Aussprachestörungen, Störungen des Redeflusses** (siehe S. 105)

Förderschwerpunkt geistige Entwicklung: Abweichen der intellektuellen Fähigkeiten um mehr als zwei Standardabweichungen von der Altersnorm; Verzögerung der Entwicklung der adaptiven Kompetenzen, also im Sprachverstehen, in der Sprachproduktion, der sozialen Anpassung oder der motorischen Fähigkeiten; kognitive Funktionen wie die verlangsamte Informationsverarbeitung, die reduzierte Speicherkapazität und die Probleme der Aufmerksamkeitssteuerung und Planungsfähigkeit sind bei diesen Schüler*innen im Vergleich zu denen mit Förderbedarf Lernen noch weniger ausgebildet.

WICHTIG Noch stärker auf überschaubare Aufgaben achten; bildgestützte Handlungspläne; sehr kleinschritte Vorgehensweise

Förderschwerpunkt motorische und körperliche Entwicklung: Zentralnervöse Schädigung, Schädigung der Muskulatur oder bei chronischen Krankheiten wie Rheumatismus;

z. T. Einschränkungen in den kognitiven Funktionen oder zusätzlicher Förderbedarf im Lernen oder im sprachlichen Bereich nötig; barrierefreie Gestaltung der Lernumgebung

WICHTIG Organisatorische Überlegungen bei außerschulischen Lernorten, Lernpartnersystem, Überlastung vermeiden

Förderschwerpunkt Sehen: Probleme in der visuellen Wahrnehmung; bedingt durch organische Verursachungen wie Fehlsichtigkeit, Linseneintrübung, Hornhautverkrümmung bis hin zum Ausfall des Sehsinns; unterschiedliche Grade der Sinnesschädigung; benötigen spezifische Instruktionen und ein Nahebringen der Lerngegenstände; bedarf mehr Zeit, Kooperation mit den anderen Lernenden; unterschiedliche Unterstützung je nach Grad der Sinnesschädigung; Lerngegenstand mit allen Sinnesmodalitäten erfahren lassen; Texte vorlesen lassen; Texte in Braille-Schrift oder als Audiodatei anbieten; Augenmuskelübungen durch Fixieren verschiedener Punkte durch Pappröhren, Minifernsehgeräte, Folgen von bewegten Objekten, z. B. Kugelbahnen, Kletterspecht; Umrisse folgen, z. B. mit Taschenlampe Formen malen, Kinder folgen; überkreuzende Linien folgen, Umrisse in Suchbildern erkennen, Puzzles

Förderschwerpunkt Hören: Schallleitungsschwerhörigkeit, Schallempfindungsschwerhörigkeit oder Gehörlosigkeit; oft gut eingestellte Hörgeräte oder ein Cochlea Implantat; verstehen oft Lautsprache und können Lippen lesen; sind dennoch auf eine günstige Raumakustik, gute Lichtverhältnisse und eine Sitzposition mit Überblick angewiesen, um Äußerungen verstehen zu können; wichtig ist ruhige Arbeitsatmosphäre; klare Aussprache; Einsatz von Visualisierungshilfen (z. B. Wortkarten oder Satzstreifen); klare Strukturierung, Förderung der auditiven Wahrnehmung, z. B. Geräusche wahrnehmen, unterscheiden; Richtungshören; Sequenzen speichern, Klatschrhythmen

WAS TUE ICH BEI JAMMERNDEN SCHÜLER*INNEN?

Das Problem – Schüler*innen jammern bei verschiedenen Arbeits- und Leistungsanforderungen; „Ich schaff das nicht, ich kann das nicht!"; häufig quengeliger Grundton; ständiges Motzen, nicht nur bei Müdigkeit; geht allen mit der Zeit auf die Nerven

Mögliche Ursachen – Nie gelernt, Bedürfnisse zurückzustellen, sehr egoistische, verwöhnte Kinder, die von klein auf im Mittelpunkt standen; erfolgreiche *Coping Strategy*; konditioniertes Verhalten, erlernte Hilflosigkeit; mangelndes Selbstwertgefühl, Defizite in der Selbstständigkeit; Tic, motorische Auffälligkeit, Wesensart; Hilfeschrei bei problematischer Situation, Krise

WAS KÖNNEN LEHRER*INNEN TUN?

- Ursachenforschung durch genaue Beobachtung: Wann und mit welchen Zielen jammert das Kind? Zeigt das Kind auch depressive Züge? Ist es in sich zurückgezogen, kann es alleine nichts bewältigen? Ist es überfordert?; Einzelgespräche mit dem Kind; im Gespräch mit Eltern eruieren, ob Persönlichkeitshaltung oder aktuelle oder länger existierende Ursachen zugrunde liegen; Eltern ihr Erziehungsverhalten klar machen (Reaktion auf Jammern, welche Mechanismen fallen auf?)
- Tritt ständiges Jammern plötzlich auf, die/den Schüler*in ernst nehmen und Hilfe anbieten
- Schüler*innen die Wirkung ihres Verhaltens aufzeigen: „Du hast gemerkt, dass die anderen Kinder dich wegen dieses Verhaltens auslachen.“; evtl. Gejammer aufnehmen und vorspielen; Schüler*innen sachlich darauf hinweisen, dass man sie mit jammerndem Unterton schlecht versteht
- Ich-schaff-das-Regel; Selbstkontrollkarte einsetzen; falls Schüler*in normal spricht, positiv verstärken; mit geheimen Zeichen (z. B. Stopp-Zeichen) auf Jammern aufmerksam machen; bei sinn- und grundlosem Motzen Symbol einführen, z. B. Motzgollum; bei fünf Gollums Extraaufgabe
- Andere Schüler*innen sollen versuchen, nicht bei jedem Gejammer zu helfen, sonst Gefahr der Instrumentalisierung

WAS TUE ICH MIT DEM KLASSENCLOWN?

Das Problem – Schüler*innen ziehen Grimassen, machen Witze und lustige Kommentare, sitzen auf der Lehne oder unter dem Tisch; bei den Mitschüler*innen oft weniger beliebt; nehmen Außenseiterrolle ein; negative Stars, oft extrem nervös

Mögliche Ursachen – Überkompensation von Minderwertigkeitsfühlen? Über- und Unterforderung im schulischen Bereich? Verstärkung durch Bewunderung, ständige Ermahnungen; Mangel an Selbstkritik; Vermeidungsverhalten für unangenehme Situationen; vernachlässigende Erziehung mit zu wenig Anerkennung; Mangel an sozial akzeptierten Verhaltensweisen, um Anerkennung zu bekommen; zu wenig Grenzen durch sehr lockere Erziehung

WAS KÖNNEN LEHRER*INNEN TUN?

Ziel: Löschung des Verhaltens

- Gezielte Beobachtung: Wann treten die Faxen auf? Auch bei anderen Kolleg*innen? In allen Fächern? Wenn sie/er etwas vortragen muss? Auch zu Hause? Ist sie/er unterfordert oder überfordert?
- Gespräch mit Schüler*in suchen: Fühlst du dich wohl in der Klasse? Wie kann es dir besser gehen? Brauchst du diese Art von Aufmerksamkeit? – Klar machen, dass zu viel Clownerie auf die Nerven gehen kann und die Beliebtheit gefährdet; Mitschüler*innen mal Clown spielen lassen
- Elterngespräch: Spielt sie/er auch daheim den Clown? Falls ja, mit welcher Konsequenz?; evtl. Erfolgserlebnisse durch Freizeitaktivitäten; Sportvereine, Theater-AG usw.
- Komisches Talent in szenischen Spielen oder beim Witzeerzählen in den Unterricht einbinden; **Tootle Notes** (siehe S. 44); Kreisspiele, bei denen Schüler*in in der Mitte stehen darf und alle ihr/ihm folgen müssen (z. B. Bewegungen, Grimassen); ansonsten Verhalten von allen ignorieren
- Verhaltensbogen auf den Tisch kleben und für jede bestimmte Zeit, z. B. 15 Minuten ohne Clownerie per Initialen abhaken; dazu Timer einstellen; kommt es zur Clownerei, den Timer zurückstellen; gelingt es fünf Mal, positive Verstärkung, z. B. besonderes Privileg

WAS TUE ICH BEI SCHLECHTEM KLASSENKLIMA?

Das Problem – Ein positives Klassenklima, bei dem Schüler*innen sich gegenseitig in Stärken und Schwächen annehmen und akzeptieren und Fehler machen können ohne ausgelacht zu werden, ist Grundvoraussetzung für gemeinsames Lernen und Arbeiten. Klassengefüge ist jedoch nichts Statisches, sondern es kann durch Neuzugänge oder Verhaltensänderungen zu sozialen Spannungen und Konflikten führen. Schüler*innen werden zu Außenseitern, manche kleinere Gruppen rivalisieren, bedrohen sich, Probleme werden häufig erschwert durch sehr hohe Klassenstärken.

WAS KÖNNEN LEHRER*INNEN TUN?

Präventive Maßnahmen für ein gutes Klassenklima

- Möglichkeiten schaffen, mit den Schüler*innen in ein persönliches Gespräch zu treten: Vorviertelstunde, beim persönlichen Verabschieden am Unterrichtsende, bei Ausflügen oder Klassenfahren
- Gemeinsame Gestaltung des Klassenzimmers mit sozialförderlicher Sitzordnung und Rückzugsmöglichkeiten (Wohlfühlecken); Vereinbarungen über Nutzung der einzelnen Bereiche
- Gemeinsamen Verhaltenskodex schriftlich im Klassenvertrag fixieren: Wir helfen einander! Wir dürfen Fehler machen! Wir loben uns!
- Mittels TeamPinBoard oder Sozialzielekatalog sukzessive an Sozialkompetenz arbeiten Unser Ziel der Woche: z. B. gutes Gesprächsverhalten

Sprecher	**Zuhörer**
Ich fasse mich kurz.	Ich wende mich dem zu, der spricht.
Ich warte, bis es ruhig ist.	Ich schaue den an, der spricht.
Ich schaue meine Mitschüler*innen an.	Ich bin leise, wenn der andere spricht.
Ich spreche laut und deutlich.	Ich konzentriere mich auf das, was der andere sagt

- Lehrer*in als Vorbild hinsichtlich Sprachverhaltens, Gelassenheit, Humor sowie positiver Verstärkung: Schatz-, statt Fehlersuche!
- Gewaltfreie Kommunikation, wie Einsatz von Giraffensprache: Kultur der Wertschätzung, Ich-Botschaften
- Einrichten fester Lobrunden, bei denen sich die Schüler*innen gegenseitig Positives sagen; Wortgeschenke z. B. als *Akrostichon* (für jeden Anfangsbuchstaben eines Wortes wie dem Namen); Worte der Freundlichkeit; geheime*r Freund*in die/der täglich einer/einem zufällig ausgewählter Partnerin/ausgewähltem Partner ein Kompliment oder eine Freude macht
- Entwicklung eines Gruppengefühls/*Corporate Identity*: Klasse einen Namen geben, ein Logo entwerfen; rhythmischer Begrüßungsspruch; tägliche Kontaktübungen
- Positive Beeinflussung bei kleineren Konflikten durch das Schild **Time-out** (siehe S. 18); Unterricht wird bewusst unterbrochen und die Auszeit für bestimmte Maßnahmen genutzt, wie körperliche Balanceübungen, Friedensgespräche, Reflexion über eine Arbeitsmethode; freundliche drei Minuten

- Empathiefähigkeit der Schüler*innen schulen, um Außenseiter zu integrieren, z. B. anhand von **Rollenspielen** (siehe auch S. 44)
- Vertrauen in andere soll durch Kooperations- und Kommunikationsspiele erfahren werden: Führen am Hand-/Wärmepolster (Handflächen sehr nah aneinander lassen und bei geschlossenen Augen führen lassen)
- Gefühls- und Meinungsäußerungen anhand von Impulsbildern einüben
- Reflektierende Konfliktgespräche einüben: Verschiedene Sichtweisen schildern; Einfühlen in Gedanken und Gefühle der anderen; gemeinsames Suchen nach Lösungen;

Befindlichkeit, Interesse, Zufriedenheit, Problembereiche eruieren, z. B.

- Blitzlicht, Zielscheiben, Schreibgitter; Kummerkasten; Plakat „Mir gefällt, …", „Mir gefällt nicht, …", oder „Meine Meinung zu …"
- Anonymer Klassenklima-Fragebogen: Lern- und Arbeitsatmosphäre; Kommunikation innerhalb der Klasse; Streit- und Konfliktkultur; Konkurrenzdruck und Neid; Meinungs- und Kulturvielfalt/Ausgrenzung; Klassenzusammenhalt – Klassenklimapunkte vergeben lassen; z. B. jedes „oft" 0 Punkte, jedes „häufig" 1 Punkt, „manchmal" 2 Punkte, jedes „nie" 3 Punkte; nach Datenerhebung Erklärungen suchen (zugrunde liegende Verhaltensweisen; keine Anklage einzelner); Ziele festlegen; Handlungsmöglichkeiten, Maßnahmen sammeln und festlegen; Wirksamkeit überprüfen, evaluieren; mögliche Items für den Fragebogen zum Ankreuzen: Der Unterricht ist interessant. Schule ist Stress für mich. Ich habe Angst davor, mich zu melden. Ich bekomme bei Problemen Unterstützung. Es werden immer nur dieselben aufgerufen. usw.
- **Klassengestalt:**

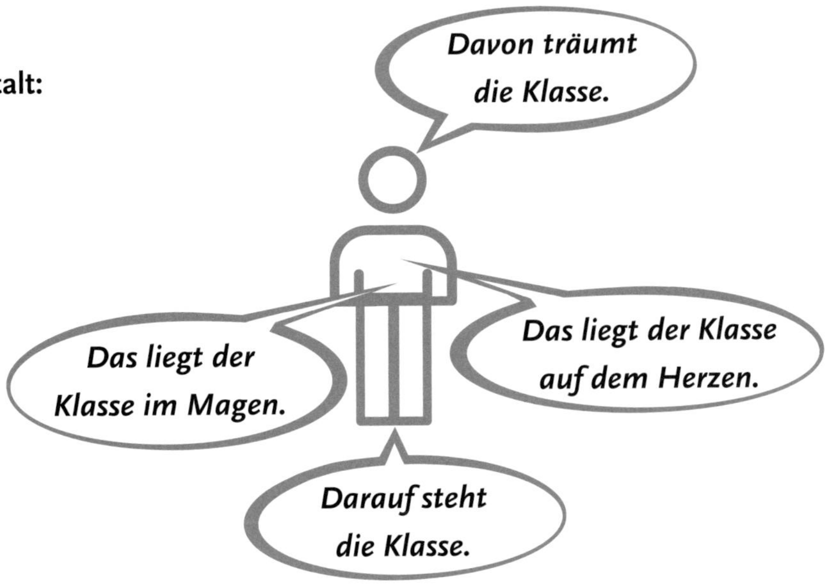

- Mittels Soziogrammen und gezielten Schülerbeobachtungen ermitteln, wo die Außenseiter sind, wer positive und negative Führungsrollen inne hat, wo genau Rivalitäten herrschen etc. Bei den Beobachtungen kann ein Kollege (Teamteaching) behilflich sein. „Neben wem möchte ich gerne/auf keinen Fall sitzen?", „Mit wem möchte ich auf der Klassenfahrt in ein Zimmer gehen.", „Mit wem kann ich gut/überhaupt nicht zusammenarbeiten?"
- Bei negativem Klima kooperative Diagnose (z. B. im **Klassenrat**, siehe S. 12), gemeinsame Klärung: Schüler*innen schildern jeweils ihre Sicht der Dinge, damit man daraus eine Gesamtsicht entwickeln kann; kooperative Planung: gemeinsame Ziele/Lösungsvorschläge und konkrete Vereinbarungen; kooperative Intervention: L-S-Verträge o. Ä.

WAS TUE ICH BEI UNKONZENTRIERTEN SCHÜLER*INNEN?

Das Problem – Aufmerksamkeit wird nicht oder nicht lange genug auf bestimmte Aufgabenstellung oder konkrete Tätigkeit gerichtet; umliegende Reize werden nicht ausgeblendet; Schüler*innen starren in der Luft; wechseln sprunghaft die Beschäftigung; keine Störung an sich, sondern Symptom für andere Basisstörungen; altersgemäße Aufmerksamkeitsspannen beachten, z. B. Grundschule ca. 20 Minuten

Mögliche Ursachen – Übermüdung; kein Frühstück; Ausrede bei Überforderung; fehlende Arbeitsstrategien; Misserfolgsorientierung, Versagensängste; Langweile, Unterforderung, Lernen am Modell (Mitschüler*innen, Eltern, Lehrer*innen), schlechte Vorbilder; psychische Belastungen durch aktuelle familiäre oder soziale Probleme der Kinder; Klassen- und Unterrichtssituation: Außenseiterstellung, Cliquenbildung, ungerechte Behandlung durch den Lehrer

WAS KÖNNEN LEHRER*INNEN TUN?

- Mögliche Beobachtungsaspekte: Schüler*in kann auch bei Ablenkung durch Nebengeräusche konzentriert arbeiten; kann die gesamte Aufmerksamkeit auf eine Tätigkeit richten, kann sich über längere Zeit mit einem Spiel/einer Aufgabe/einer Arbeit beschäftigen; nach einer Unterbrechung wieder anfangen; diese bis zum Ende führen; beginnt eine neue Tätigkeit erst, wenn die alte beendet ist; hört anderen Kindern beim Erzählen aufmerksam zu; verfolgt aufmerksam das Unterrichtsgeschehen
- Individuelle, schriftlich fixierte Abmachungen über nächste Entwicklungsschritte und Lernziele mit klaren Zeitvorgaben und Verstärkersystem

- Entspannungsübungen: Fantasiereisen, Meditationsübungen mit Musik, körperorientierte Entspannungsübungen z. B. autogenes Training, Atemübungen, Aufmerksamkeitsschulung, Elemente aus Yoga, auch als differenzierte Angebote; gezielte Beobachtung schulen; Trainingsprogramme mit Fachkräften, z. B. Marburger Konzentrationstraining[30]

WAS TUE ICH, WENN SCHÜLER*INNEN EINE GERINGE KÖRPERWAHRNEHMUNG BESITZEN?

Das Problem – Taktile Wahrnehmung gestört; Schüler*innen sind unruhig, zeigen geringe Schmerzempfindlichkeit, da in der taktilen Wahrnehmung unempfindlich; manche sind taktil überempfindlich und reagieren auf kleinste Berührungen; manche neigen dazu, selbst starke Berührungen auszuüben, da erhöhter Muskeltonus oft nicht reguliert werden kann; Feinmotorik (z. B. Schreiben) auffällig, da Kraft unangemessen eingesetzt wird

Mögliche Ursachen – Probleme beim Geburtsverlauf? Teilleistungsschwäche? Entwicklungsverzögerung aufgrund unzureichender körperlicher Erfahrung in der frühen Kindheit? Evtl. unterkühlte Erziehung oder auch eine *Doppelbind-Situation:* Auf der einen Seite liebevolle verbale Botschaften, gleichzeitig keine liebevollen körperlichen Erfahrungen und viel emotionale Kälte, für welche Kinder keine Erklärungsmuster haben

WAS KÖNNEN LEHRER*INNEN TUN?

Ziel: Tastsinn steigern; bewusste, isolierte Wahrnehmung einzelner Körperteile; dosierter Krafteinsatz und gezielte Ausführung von Bewegungen; dazu vielfältige Körpererfahrungen im Sportunterricht, aber auch im Alltag; Körpererfahrungsspiele an interessante Geschichten koppeln oder unter besonderen Rahmenbedingungen durchführen; Hilfsmittel einsetzen

WICHTIG Bei Schüler*innen, die keine Berührungen ertragen können, dies nicht durch gutes Zureden oder Druck erzwingen; Möglichkeit geben, an anderen Orten vorsichtig Kontakte zu knüpfen (z. B. Ort der Stille); Stimulation des Gleichgewichtssinns kann manche Schüler*innen beruhigen, daher wenn möglich eine Hängematte oder Schaukelstuhl in der Schule als Rückzugsort anbieten

30 Krowatschek, Dieter/Albrecht, Sybille/Krowatschek, Gita (2004): Marburger Konzentrationstraining (MKT) für Schulkinder. Dortmund: Borgmann.

- Körperschema ausbilden: über Hineinhorchen in den eigenen Körper (verschieden schwere Materialien auf unterschiedliche Körperteile legen und vergleichen); Körperwiderstand wahrnehmen (z. B. Rücken an Rücken stehen und drücken); Körperkonturen wahrnehmen (Körperumriss nachlegen); Körperteile benennen, Körperstellungen nachahmen
- Taktile Reize anbieten: Bohnenbäder, Bällebad, Sandspiele, Fingerfarben, Knete, Salzteig, Ton; Schreiben von Zahlen und Buchstaben im Sand, Rasierschaum; Gegenstände (z. B. Nudeln, Stifte, Holzstäbchen, Blätter) der Länge nach mit verbundenen Augen ordnen; Kim-Spiele: Gegenstände, Formen blind ertasten lassen; Tastkarten, -straßen: verschiedene Materialien aufkleben und mit Hand/Fuß fühlen lassen (Schleifpapier, Plastikfolie, Fell, Nussschalen, Sand, Heu, Samt, Noppen, Alufolie usw.)
- Marionettenspiel: Auf Kommando bestimmte Körperteile, wie kleinen Finger, Hüfte, in bestimmter Weise bewegen
- Spiegelbilder: Ein*e Schüler*in macht Bewegung vor, die der andere spiegelt; z. B. Arme kreisen, auf einem Bein stehen; Bewegungsgeschichten, u. a. wir stehen auf, putzen die Zähne ...
- Muskelspannung kontrollieren: u. a. progressive Muskelentspannung: Bewusste An- und Entspannung einzelner Körperteile „Spanne den Bauch fest an und spüre, wie er warm wird!"
- Andocken: Schüler*in sitzt mit geschlossenen Augen in der Mitte des Kreises; Mitschüler*in legt beide Hände an unterschiedliche Stellen des Körpers: Wo haben die Hände gelegen?
- Im Sitzkreis soll ein*e Schüler*in mit verbundenen Augen verschiedene Materialien (Feder, Stück Fell usw.) auf der Haut spüren
- Pizzabacken (auf dem Rücken des Partners Pizza zubereiten, Teig mit den Fäusten kneten, mit den Fingern verschiedene Dinge belegen, mit Käse bestreuen etc.); geheime Botschaften, Zeichnungen auf den Rücken, Gewitter im Frühling (mit den Fingern auf dem Rücken des Partners regnen, stürmen lassen, die Hand lässt den Wind wehen, die Sonne scheinen); Autowaschanlage (paarweise gegenüber knien und Gasse bilden, Schüler*in kriecht hindurch und bekommt Waschprogramm, z. B. Vorwäsche mit Fäusten, Reinigung mit Fingern, die Wassertropfen darstellen, Einschäumen mit Reiben, Politur mit flacher Hand, Trocknen mit Anblasen.), alle Massagen beginnen und enden mit dem Auflegen der Hände; Einsatz von Igelball, Luftballon, Bürste, Samtstoff etc.

WAS TUE ICH, WENN EINE KRISE EINGETRETEN IST?

Das Problem – Eine (schulische) Krise ist „eine vorübergehende, der Stütze bedürftige massive Instabilität eines Individuums oder Systems.“[31]

Plötzliche Vorfälle aus der nahen oder weiter entfernten Umwelt der Kinder, welche diese stark belasten, wie Missbrauch oder Amoklauf an der Schule, der Tod oder ein schrecklicher Unfall einer Mitschülerin/eines Mitschülers oder einer Lehrkraft der Schule; solche Krisen lösen Gefühle wie Trauer, Entsetzen, Angst, Aggressivität, Depressivität und Betroffenheit aus; PTBS (Posttraumatische Belastungsstörungen) durch Krieg und Flucht lähmen Schüler*innen und Lehrer*innen, blockieren die Lernprozesse und müssen in der Schule angegangen und gemeinsam verarbeitet werden

WAS KÖNNEN LEHRER*INNEN TUN?

WICHTIG Wichtig ist ein hilfreiches internes und externes Krisenmanagement:

- Sich der eigenen Gefühle und Gedanken zur Krise bewusst werden
- Vorausdenken, was die Schüler*innen schon davon wissen, bzw. inwieweit sie betroffen sind und abwägen, je nach Niveau der Klasse und Betroffenheit der Schüler*innen, ob und in welchem Umfang der Vorfall in der Klasse thematisiert werden muss
- Evtl. Ansprache des Schulleiters und anschließendes kurzes, stilles Gedenken

Bearbeitung krisenhafter Ereignisse fragengeleitet in sechs Schritten nach folgendem Erste-Hilfe-Plan:

1. Schritt: Wie hast du von dem Ereignis erfahren?

   Sinneswahrnehmungen der Schüler*innen aufgreifen und schärfen, um Krise aus verschiedenen Sichtweisen zu betrachten und sich der eigenen Wahrnehmungen bewusster zu werden; konkrete Fakten klären; wesentliche Informationen erfahren; evtl. Medienanalyse; Sachebene vor Gefühlsebene

   Unterstützende Fragen: Welche Bilder sind bei dir im Kopf? Was hast du gehört, gesehen, gerochen, geschmeckt, gefühlt, erfahren ...? Von wem hast du von diesem Ereignis erfahren?

---

31 Stein, Benjamin (1996): Reaktion auf Katastrophen in Israel. In: Meißner, Sachs: Schulpsychologie und Schulentwicklung. S. 5–20. Landesverband bayrischer Schulpsychologinnen und Schulpsychlogen e.V. , Forum-Bd. 5, G. Ullmann.

2. Schritt: Wie hast du reagiert?

Körperwahrnehmung sensibilisieren; unterschiedliche körperliche Reaktionen transparent machen, annehmen, verstehen; wichtig ist Atmosphäre der gegenseitigen Achtung

Unterstützende Fragen: Was hast du körperlich gespürt? Wie waren deine ersten Reaktionen?

3. Schritt: Informationsblock des Lehrers

Schüler*innen erfahren, dass Reaktionen üblich sind und auch länger andauern können, jedoch wieder vergehen und geringer werden; man muss jedoch lernen, damit umzugehen; wichtig, dass Schüler*innen merken, dass sie keine Angst vor ihren Reaktionen haben müssen; die meisten Menschen reagieren oft sehr ähnlich; es gibt aber auch unterschiedliche Reaktionen; Schule als Ort der Anerkennung

4. Schritt: Was hilft dir sonst noch, sodass es dir wieder besser geht?

Sammeln individueller Bewältigungs- und Copingstrategien; Visualisieren der Möglichkeiten auf Plakat im Klassenzimmer; kann auch in anderen schwierigen Situationen hilfreich sein

Unterstützende Fragen: Was tust du normalerweise, wenn es dir schlecht geht? Wie hast du dich schon einmal verhalten, als du aufgeregt warst? Was hilft dir in solchen Situationen?

5. Schritt: Wie geht es nun bei uns weiter?

Fokus auf aktuell vorhandene Gefühle der Mitschüler*innen und Umgang damit; Blick weg von der Krise, hin zur Situation in der Klasse und auf mögliche zukünftige Situationen; Unterstützung durch Religionspädagog*innen, Beratungslehrer*innen, Schulpsycholog*innen, Therapeut*innen (Was können wir intern/extern tun?)

Unterstützende Fragen: Was wird nun sein? Wie geht es hier bei uns weiter? Wie gehen wir jetzt mit unseren Gefühlen um? Wie gehen wir in unserer Klasse mit zurückgezogenen, wütenden usw. Schüler*innen um? Welche Personen habe ich, denen ich vertrauen kann? Wen kann ich ansprechen, wenn es mir schlecht geht?

6. Schritt: Meine Vertrauenspersonen

Gedankenreise in die Vergangenheit: Wer hat mir bereits in schwierigen Situationen geholfen?

Als positiven Abschluss z. B. Hände der Schüler*innen auf Papier zeichnen und ausschneiden lassen; in jeden Finger eine dieser Vertrauenspersonen schreiben; gezeichnete und beschriftete Hand mit nach Hause nehmen als Stärkung für neue krisenhafte Ereignisse

WAS TUN IM TRAUERFALL?

- Traurige Gefühle zulassen; über die Gefühle sprechen; Gefühle über Farben oder Kummersteine ausdrücken
- Trostkissen, in das Schüler*innen hineinweinen können
- Rückzugsmöglichkeiten bieten, z. B. eine ruhige, stille Ecke
- Rituale: Briefe an die/den Verstorbene*n schreiben; eine Erinnerungsecke erstellen
- Thema Tod und Sterben anhand Bilder, Geschichten ansprechen

WAS TUN BEI TRAUMATISIERUNGEN? (SCHULPSYCHOLOG*IN GGF. HINZUZIEHEN!)

WICHTIG Durch die Wiederholung traumatischer Erfahrungen/Intrusionen, Flashbacks, beispielsweise durch Trigger, wie Situationen (Zerplatzen eines Luftballons) Menschen (z. B. Bart, bestimmtes Kleidungsstück), Bilder, Reize, wie Düfte, Rauch, Nebel können Ängste ausgelöst werden, was sich in Zittern zeigt

- Kognitive Verhaltenstherapie, damit Schüler*innen lernen, Ängste und problematische Verhaltensweisen zu überwinden
- Trigger gemeinsam herausfinden durch verständnisvolles, empathisches Gespräch, jedoch Nachfragen vermeiden; genaue Beobachtung; Trigger nie gezielt einsetzen
- Im Falle eines Flashbacks bewusste Wahrnehmung der Umgebung; (Körperwahrnehmung, Atemübungen, sich im Raum umsehen, sinnliche, geschmackliche Reize bieten) Konzentration auf positive Bilder (Wohlfühlbilder kreieren)
- Direkte Ansprache im Hier und Jetzt: „Du bist jetzt in der Schule. Du bist sicher. Dir passiert hier nichts.“

- Eventuell Situation/Raum verlassen, um aus der Erinnerung herauskommen zu können
- Schrittweise, vorsichtige Annäherung (z. B. Umkleidekabinen, die an schrecklichen Ort erinnern, gemeinsam und nur kurz betreten); äußere Sicherheit geben; Zeitspannen allmählich erweitern; Fortschritte benennen; Schritte positiv verstärken
- Schule als sicherer Ort (Verlässlichkeit); Unterstützung, den Alltag zu meistern (Selbstwirksamkeit); Hilfe, die Kontrolle über sich selbst wieder zu gewinnen (Selbstregulation); Zukunftsperspektive aufzeigen (Schulabschluss, Berufsausbildung als Voraussetzung für Arbeit)

Weiterführende Maßnahmen beim Umgang mit Krisen

- Längerfristige Präventionsmaßnahmen als Bestandteil des Schulkonzepts; Kurse zur gewaltfreien Konfliktlösung
- Supervision für Lehrer; Team- und Schulentwicklung im Kollegium, kollegialer Austausch, regelmäßige pädagogische Konferenzen; Lehrerkollegium und Schulleitung verstehen sich als Team
- Sind einzelne Familien besonders betroffen, bedarf es professioneller Helfer für Kriseninterventionen, wie z. B. Beratungsfachkräfte, Therapeut*innen, Erziehungsberatungsstellen, regionale Kriseninstitute, ASD (Allgemeiner Sozialdienst) oder andere krisenspezielle Beratungsstellen, welche den Eltern genannt werden sollten
- Wohlfühlbilder: Nach einer Fantasiereise ins *Wohlfühlland* zeichnen die Kinder den Ort, an dem sie sich wohlfühlen; bei Schwierigkeiten dorthin eindenken; das so entstehende gute Gefühl für die aktuelle Situation mitnehmen
- Individuelle Bewältigungspläne bei Traurigkeit: „Wenn ich traurig bin, werde ich …“

Was tue ich, wenn Schüler*innen launisch sind?

Das Problem – Sehr starke Stimmungsschwankungen, von extrem euphorisch bis depressiv; besonders auffällige Instabilität im Bereich der Stimmung und Affektivität bei Borderline-Persönlichkeitsstörung; muss diagnostiziert werden und kann medikamentös eingestellt werden (weniger extreme Hochs und Tiefs) damit verbunden Identitätsproblematik, Impulskontrollstörungen; Schwierigkeiten in der Gestaltung und Aufrechterhaltung zwischenmenschlicher Beziehungen mit häufigen Konflikten und Krisen

Mögliche Ursachen – Stimmungsschwankungen von komplizierten hormonalen System abhängig, wird beeinflusst durch körperliche Unpässlichkeit, Krankheit, wenig Schlaf, Leistungsdruck, Überarbeitung, familiäre und soziale Probleme oder durch das Wetter; manchmal ist der Grund nicht erkennbar und auch dem Kind nicht klar; schlechte Stimmung kann leider auch ansteckend wirken; manchmal auch bewusst eingesetzt, um Aufmerksamkeit zu erzielen (instrumentalisiertes Verhalten), da man damit bereits erfolgreich war; z. T. taktile Überempfindlichkeit/Probleme in der Körperwahrnehmung, Krisensituationen, Konflikte in der Familie oder mit den Mitschüler*innen, eine starke Übersensibilität

WAS KÖNNEN LEHRER*INNEN TUN?

» Genaue Beobachtung: „Wann und unter welchen Umständen tritt die schlechte Laune auf?“

» Vieraugengespräch: dabei möglichen Grund nicht herabsetzen; Kommentare vermeiden, wie „Ist doch gar nicht so schlimm!“; besser: aktives Zuhören, um Schüler*in Verständnis zu zeigen „Ich verstehe, dass dich das richtig wütend gemacht hat!“

Ziel: Die eigene Laune erkennen und adäquat damit umgehen

» Gefühle und Bedürfnisse differenziert spüren und benennen (Gefühls,- Bedürfniswortschatz); z. B. Morgenritual: Gefühlssonne; evtl. Gefühle in Form eines Tieres verbildlichen, z. B. der Wutdrache, der gezähmt werden muss

» Gefühle individuell rückmelden: „Du scheinst gerade schlechte Stimmung zu haben.“

» Bei gespielten Launen den zugrunde liegenden Lernprozess umkehren, um das Verhalten zu löschen; Schüler*in kommt mit seinem Verhalten nicht zum Ziel: muss z. B. die Arbeit, die sie/er nicht in der Gruppe erledigen will, an ihrem/seinem *Stimmungstisch* (besonders ausgewiesener Tisch) alleine machen und kann dann zurückkehren

» In einer offenen, heiteren Klassenatmosphäre ist es etwas schwerer, schlechte Launen auszuleben; z. T. kann es aber auch gerade diese Schüler*innen provozieren

» Schüler*innen die Möglichkeit geben, auf einem *Stimmungsstuhl* ihre Laune abzukühlen, sich eine Auszeit zu nehmen, bis es wieder geht

- *Stimmungsbuch* der Klasse gemeinsam erstellen; Bilder malen, Situationen im Unterricht finden und aufschreiben; der Stimmung eine Temperatur zuordnen: heiße Stimmung – aggressiv, wütend; kalte Stimmung – gefühllos, traurig
- In Gefühle und Stimmungen der anderen einfühlen lernen, Empathie aufbauen über Fotos und Bilder, die verschiedene Stimmungslagen ausdrücken; Rollenspielen, szenische Spiele, Gefühlspantomime, Gefühlsstatuen darstellen
- Ich-bin-gut-drauf-Plakat, Anti-Traurigkeits-Plakat, Anti-Wut-Plakat erstellen; Möglichkeiten sammeln, die Launen positiv zu beeinflussen, auf Plakate fixieren und im Klassenzimmer präsentieren
- Einzelnen Schüler*innen Selbstinstruktionssätze auf den Platz, in die Mappe legen oder in eine kleine Zündholzschachtel, die als *Wunderschachtel* für diesen Tag auf dem Tisch stehen bleibt; individuelle **Bewältigungspläne** erstellen („Wenn ich wütend/traurig/depressiv ... bin, dann ...“, siehe auch S. 69)

WAS TUE ICH, WENN DIE KLASSE ZU LAUT IST?

Das Problem – In vielen Klassenzimmern ist es zu laut, mehr als 80 Dezibel – ähnlich laut wie auf einer viel befahrenen Straße; Stressfaktor für Schüler*innen und Lehrer*innen; Schüler*innen verstehen nicht, was die Lehrkraft sagt, bekommen Kopfweh, können sich nicht konzentrieren; schaukeln sich hoch; kein ruhiges Arbeiten mehr möglich; Stimme der Lehrkraft leidet

Mögliche Ursachen – Regel zum ruhigen Arbeiten nicht richtig eingeführt oder nicht konsequent genug verfolgt; Schüler*innen wissen nicht, wie man leise spricht, in ruhigem Ton zusammenarbeitet; bewusstes Provozieren und Regelübertreten; einige laute Schüler*innen evozieren lautes Sprechen der anderen, der Mitschüler*innen und der Lehrkraft; schlechte Raumakustik

WAS KÖNNEN LEHRER*INNEN TUN?

WICHTIG laute Klassen nicht durch laute Stimme übertönen – ansonsten Einsetzen eines Teufelskreises; besser: bewusst leise werden; nicht als Konsequenz auf Lärm auf reine Stillarbeitsphasen achten; aktives handelndes Lernen verlangt nach Kommunikation und Austausch

- Ist die Klasse grundsätzlich zu laut oder sind es einzelne Schüler*innen, welche andere zum lauten Sprechen führen?
- Über Zusammenhang von Lärm und Lernen sprechen, dabei auf unterschiedliche Schallquellen und entsprechender Lautstärke eingehen
- Akustische Lärmampel; Schallpegelmesser, um Schüler*innen Rückmeldung zu geben, wann es zu laut ist, bzw. um Lärm bewusst zu machen; Geräuschkulisse zu visualisieren
- Akustisches Signal (Klangschale), wenn es zu laut wird; Handzeichen
- Stimmtraining: entspanntes Sprechen, Atemtraining, verständliches Sprechen
- Bei unterschiedlichen Sozialformen Schüler*innen für die Einzelarbeit Lärmkopfhörer zur Verfügung stellen
- Handregeln einführen: Wenn wir mit unserem Lernpartner reden, sind wir eine Handbreite von seinem Ohr entfernt; in der Gruppe gilt die Lineal-Regel, also 30 cm Umkreis
- Bei Arbeitsphasen Count-down einführen – herunterzählen von 10, bei 0 ist absolute Ruhe, um Aufträge erteilen zu können
- Spielerisch auf ruhiges Arbeiten hinarbeiten, z. B. Klasse in Gruppen aufteilen: Wer schafft es, die Regel „ruhig und leise arbeiten“ am besten durchzuhalten, ohne eine Foulkarte zu bekommen?
- Chat-Phasen bewusst einbauen, in denen die Schüler*innen sich auch mal in normaler Lautstärke unterhalten können
- Evtl. lärmdämmende Maßnahmen beim Sachaufwandsträger beantragen, z. B. Schallabsorber an die Wände, Teppichböden, Pinnwände aus Kork, Filzgleiter unter die Stühle; Akustikdecken; Vorhänge, Mobiliar im Raum wie Regale, Bilder
- Am internationalen Tag gegen Lärm gemeinsame Schulaktionen und -projekte durchführen

» WAS TUE ICH BEI LEISTUNGSSCHWACHEN SCHÜLER*INNEN?

Das Problem – Grundlegende und übergreifende Leistungsdefizite, keine Lernprobleme oder Teilleistungsschwächen

Mögliche Ursachen – Kognitive Überforderung; familiäre Probleme; Schwierigkeiten der sozialen Integration; aktuelle krisenhafte Einflüsse; geringes Selbstwertgefühl; fehlende Arbeitsstrategien; unzureichende Übung; gravierende Vorkenntnisdefizite; Interesselosigkeit; fehlender Antrieb; Motivationsdefizit; Unkonzentriertheit; unpassender Unterrichtsstil; persönliche Schwierigkeiten mit der Lehrkraft; übermäßiger Ehrgeiz der Eltern, strafende Erziehungsmethoden, autoritärer Erziehungsstil der Eltern oder der Lehrkraft; ungünstige Sitzordnung in der Klasse; Ängste, Resignation; dies ist eine unvollständige Liste – *die* Leistungsschwäche gibt es nicht, genaue Beobachtung und Diagnostik entscheidend: Welche Schwierigkeiten gibt es in welchen Fächern? Bei welchen Inhalten? Zu welcher Zeit und in welcher Ausprägung?

WIE KÖNNEN LEHRER*INNEN LEISTUNGSSCHWIERIGKEITEN FESTSTELLEN?

- » Diagnose und Klärung der Hintergrundfaktoren über Beratungsfachkraft/Schulpsycholog*innen nach Untersuchung folgender Bereiche: Intelligenzquotient (Intelligenztests), einzelne Schulleistungsbereiche (standardisierte Schulleistungstests), Wahrnehmung, familiärer Hintergrund, Konzentration und Motivation (Verhaltensbeobachtung oder Tests), psychische Konstitution (projektive Verfahren), Selbstwertgefühl, Ängste und die Entwicklungsgeschichte des Kindes (Anamnese)
- » Hilfreich sind gezielte Lernstandsanalysen (z. B. Lösungsweg in Mathematik, Sprachkompetenz, grundlegende Lesefähigkeiten) durch die Lehrkraft
- » Von den Schulleistungsschwierigkeiten abzugrenzen ist der plötzliche Leistungseinbruch einer/eines Schüler*in, dann ist sofortiges Elterngespräch notwendig, um die aktuelle Lebenssituation zu beleuchten, mögliche Ursache: Krisen, Scheidung, Geburt eines Geschwisterkindes, Umzug, neue Partner der Eltern, Tod eines Familienangehörigen, Streit in der Peer Group, Wegzug von Freund*innen, Arbeitslosigkeit der Eltern usw.

WAS KÖNNEN LEHRER*INNEN TUN?

- Innere Differenzierung nach genauer Analyse des Leistungsstandes; Erstellen individueller Förderpläne; Kompetenzen in Teilkompetenzen aufteilen und individuelle realistische Lernziele setzen; mittels Lernleitern jede*n Schüler*in in seinem Tempo arbeiten lassen; Erreichen von einzelnen Schritten/*Milestones* positiv verstärken; je nach persönlicher Stärke entsprechende Arbeitsmittel anbieten, z. B. bei linguistischer Intelligenz Bücher, Arbeitsblätter, Textarbeit; bei logisch-mathematischer Intelligenz Angebote zum Erforschen, Zahlenspiele, Tabellen, Diagramme; bei räumlich-visueller Intelligenz Filme, Bilder, illustrierte Texte, Mindmaps; bei kinästhetischer Intelligenz Rollenspiel, Drama, Bewegungslernen; bei musikalischer Intelligenz Rhythmen, Lieder, Klänge; bei interpersonaler Intelligenz Gruppenaktivitäten wie Gruppenpuzzle, Expertensystem, Lernen durch Lehren; bei intrapersonaler Intelligenz Orte des Rückzugs anbieten
- Sofortige Rückmeldung über Verständnisprobleme, z. B. durch Ampelprisma auf Tisch – eine Seite rot, andere Seite grün, wenn während des Frontalunterrichts Probleme auftauchen, wird Prisma auf rot gestellt; Hilfe erbeten an *Meetingpoints*/Haltestellen; Namensklammer an Helfertafel heften
- Förderkurse in Kleingruppen ermöglichen, den jeweiligen Ursachen der Schulleistungsschwierigkeit auf den Grund zu gehen; selbstreguliertes Lernen einüben
- Außerschulische Fördermaßnahmen: evtl. zusätzlich pädagogisch orientierte Nachhilfe mit individueller, an den Fehlerschwerpunkten der Schülerin/des Schülers orientierte Förderung nötig; Arbeit mit Lerntherapeut*innen, Lernberater*innen oder speziellen Legasthenie- oder Dyskalkulietherapeut*innen, die sehr fundiert an den Leistungsschwierigkeiten arbeiten und auch die psychischen Folgeerscheinungen in den Fokus nehmen; nachmittägliche Betreuungsangebote, wie z. B. heilpädagogische Tagesstätten, Hort- oder Heimunterbringungen; evtl. alternative Beschulung; Beratungsfachkräfte geben Hinweise auf mögliche Finanzierungen dieser therapeutischen Interventionen

» WAS TUE ICH, WENN SCHÜLER*INNEN LERNPROBLEME HABEN?

Das Problem – Schüler*innen, die nicht wissen, wie man sich Wissen aneignet, effektiv und konzentriert lernt, sein Arbeitsumfeld organisiert; keine Lernstrategien und Motivationstechniken besitzen; nicht das Wichtigste aus Texten herauslesen können; oft auch Konzentrationsschwäche, Lernunlust

WAS KÖNNEN LEHRER*INNEN TUN?

- Abklären, ob Teilleistungsstörungen, Intelligenzdefizite, Wissenslücken oder z. B. eine diagnostizierte Aufmerksamkeitsstörung vorliegen
- „Lernen lernen“ in Form von Projektwochen, als Unterrichtskonzept mit offenen Unterrichtsformen, bei Elternabenden, in einem Förderkurs
- Arbeitsplatzgestaltung: aufgeräumter Schreibtisch; genug Platz; Material liegt bereit; Licht und Temperatur muss stimmen; Störungen vermeiden; mehr Ordnung führt zu mehr Konzentration
- Lerntypentest „Wie lerne ich am besten?“; Lernstrategien; Motivationstechniken: Selbstbelohnungen, eigene Zielsetzungen, Technik der kleinen Schritte; Konzentrationsspiele
- Sprachliche Unterstützung; Differenzierung; optimale Passung der Aufgaben, Strukturierungshilfen für alle Tätigkeiten; Eselsbrücken; Visualisierungen; ganzkörperlich (Begriffe klatschen, im Raum passend dazu gehen), multimodal/mit allen Sinnen einprägen
- Gruppenarbeitstechniken: Plakatarbeit, gruppenteiliges Lesen, Gruppenreferate
- Stete individuelle und allgemeine Reflexion des Lernprozesses: Wie gehen wir an ein Thema heran? Welche Methoden wählen wir? Wie konnte ich mit dieser Methode umgehen? Was würde mir helfen, beim nächsten Mal besser zu arbeiten?
- Gezielt Methoden zur Informationsentnahme einführen, wie *Ü-Fra-Le-Wie*: „**Ü**berfliegen und Überblick verschaffen (Überschriften lesen, Fettgedrucktes überfliegen, Bildunterschriften anschauen usw.), **Fra**gen stellen (Was kommt mir bekannt vor? Was habe ich gleich verstanden? Was interessiert mich? Wie fängt der Text an? Wie hört er auf?), **Le**sen, laut und leise (konzentriertes Lesen, Zeile für Zeile, wichtige

Inhalte unterstreichen, Stichwörter herausschreiben usw.) und **Wie**derholen (Unterstrichenes anschauen, Fettgedrucktes reflektieren usw.)

- Methoden zum kooperativen Lernen schrittweise über Partnerarbeit hin zur Gruppenarbeit trainieren, dann aber auch u. a. Marktplatzspiel: Lerninhalte in unterschiedlicher Form auf Karteikarten (Fragen – Antworten) festhalten, auf den Marktplatz (= durch das Klassenzimmer) gehen, jede*r Schüler*in hat seine Lernkarte und begegnet auf dem Marktplatz anderen Schüler*innen, mit denen sie/er sich (im Zweiergespräch) zu dem jeweiligen Inhalt der Karte unterhält
- Karteikarten oder der „erlaubte Spickzettel", um wesentliche Lerninhalte knapp zusammenzufassen und übersichtlich und strukturiert festzuhalten, z. B. individuelle Fehlerwörter, Rechenaufgaben, Vokabeln
- Visualisierung und Verknüpfung neuen Wissens, u. a. mit der Mind-Mapping-Technik; Texte als Grafik darstellen
- Memorierung neuen Wissens, z. B. mittels der Wäscheleinemethode: erarbeitete Inhalte werden auf schönem Papier übersichtlich dargestellt und wie Kleidungsstücke an einer Wäscheleine mit Wäscheklammern aufgehängt; durch die Klammern wird bildlich dargestellt, dass man den Lernstoff festhalten möchte, deshalb braucht man umso mehr Klammern, und muss sich umso mehr anstrengen, je komplexer und schwerer die Lerninhalte sind; im Sinne der *Loci-Technik*, eine Memoriertechnik, bei der man beim Lerninhalt gleichzeitig einen konkreten Ort abspeichert und über diesen Ort sich den Lerninhalt wieder abruft, können sich manche Schüler*innen genau merken, wo einzelne Kleidungsstücke (Lerninhalte) hingen
- Einprägen der Phasen des Lernprozesses mit der Selbstinstruktion:
  - Aufgabenanalyse: Was genau muss ich tun?
  - Materialanalyse: Was habe ich zur Verfügung? Was brauche ich?
  - Zielanalyse: Wo will ich hin? Was ist mein Ziel?
  - Konfliktanalyse: Warum komme ich nicht weiter? Was blockiert mich?
  - Teilzielformulierung: Was ist mein nächster Schritt? Was kommt jetzt?
- Frustrationsbewältigung:
  - Ich komm schon weiter!
  - Das kann ich wiedergutmachen!
  - Zeit lassen: Ich habe genügend Zeit!
  - Jetzt mal mit der Ruhe!

WAS TUE ICH BEI LESE-RECHTSCHREIB-SCHWACHEN SCHÜLER*INNEN?

Das Problem – Grundsätzlich steigt der Anteil an Schüler*innen, die Probleme beim Lesen und Rechtschreiben, haben aufgrund mangelnder Übung und zunehmender Digitalisierung; bei manchen gekoppelt mit grundsätzlichen Lernproblemen; ist jedoch Intelligenz durchschnittlich oder überdurchschnittlich und liegen Leistungen im Rechtschreiben und/oder Lesen deutlich hinter den anderen schulischen Leistungen, kann Lese-Rechtschreib-Schwäche vorliegen; Kinder leiden unter den täglichen Frustrationen des Lesens und Schreibens in der Schule und zu Hause; häufige Misserfolge führen zu psychisch starker Beeinträchtigung und unterschiedlichen Symptomen, wie z. B. vermindertem Selbstwertgefühl, ungünstigen Attribuierungen, auffälligem oder stark unauffälligem Verhalten; häufig negativer psychischer Kreislauf im Sinne der *Self-Fulfilling-Prophecy* („Ich bin halt einfach zu dumm zum Rechtschreiben!")

MÖGLICHE ANZEICHEN EINER LESESTÖRUNG

- Auslassen, Ersetzen, Verdrehen oder Hinzufügen von Wörtern oder Wortteilen
- Vertauschen von Wörtern oder Wortteilen im Satz
- Beim Leselernprozess Probleme, die einzelnen Buchstaben korrekt zu benennen, einzelne Phoneme (Laute) zu analysieren; grundlegende phonologische Bewusstheit ist (weit) unterdurchschnittlich ausgeprägt
- Sehr langsame oder je nach Textart deutlich unterschiedliche Lesegeschwindigkeit
- Stockendes Lesen ohne sinnhafte Betonung
- Das Gelesene wird kaum verstanden und Sinnfragen können nicht oder nur teilweise aufgrund Allgemeinwissens beantwortet werden

MÖGLICHE ANZEICHEN EINER RECHTSCHREIBSTÖRUNG

- Reversionsfehler: Verdrehungen von Buchstaben, wie z. B. p/q oder b/p
- Reihenfolgefehler: Buchstaben werden im Wort umgestellt, z. B. die – dei
- Auslassungsfehler: Buchstaben innerhalb eines Wortes, z. B. Bch – Buch
- Einfügungsfehler: Buchstaben werden eingefügt, z. B. Kartze
- Dehnungsfehler, z. B. Zan – Zahn oder ihm – im

- Regelfehler, z. B. der Groß- und Kleinschreibung
- Wahrnehmungsfehler: Verwechslungen von Buchstaben, wie z. B. v/f, g/k

WICHTIG Erscheinungsbild sehr vielfältig, keine *typischen* Rechtschreib- oder Lesefehler; es treten immer wieder andere Fehler auf (Fehlerinkonsistenz)

Mögliche Sekundär- und Begleitschwierigkeiten – Aufmerksamkeitsstörungen mit motorischer Unruhe und/oder Impulsivität; graphomotorische, visuomotorische Störungen; Konzentrationsstörungen im Bereich Lesen und Rechtschreiben; Auffälligkeiten im Lern- und Arbeitsverhalten, wie Motivation, Anstrengungsbereitschaft, Blockaden, Ängste, Misserfolgsorientierung, Frustrationen, Verweigerung, da sie trotz großer Anstrengung keine positiven Ergebnisse erzielen; Störungen des Sozialverhaltens, da diese Schüler*innen sich unwohl fühlen, stark belastet sind und ihre Frustrationen möglicherweise im sozialen Kontakt ausleben; allgemeines schulisches Versagen, da die Basiskompetenz des Lesens und Rechtschreibens in allen Fächern eine Rolle spielt

Mögliche Ursachen – Zusammenspiel mehrerer Bedingungen; visuelle Informationsverarbeitungsdefizite; genetische Faktoren, welche Entwicklungsprozesse im Gehirn beeinflussen; Umweltfaktoren, wie die Anregung der Sprachentwicklung durch das Elternhaus, das Interesse, die Kompetenz und die Motivation im Umgang mit Sprache

WICHTIG Multiaxiale Diagnostik notwendig über das Intelligenzniveau, die Rechtschreib- und Leseleistung, die motorische und sprachliche Entwicklung, den klinisch-psychiatrischen Bereich (z. B. Schulangst, körperliche Beschwerden, depressive Entwicklungen), körperliche-neurologische Symptomatik, aktuelle abnorme psychosoziale Umstände (Lebensumfeld) und der Grad der psychosozialen Anpassung (Wie belastet ist das Kind aufgrund der Störung?)

WAS KÖNNEN LEHR*INNEN TUN?

- Nach detaillierter Beobachtung Elterngespräch über deren Wahrnehmungen: Auffällige Verhaltensweisen, Fehlerhäufungen, Frage nach Beobachtungen der Eltern, Entwicklung des Kindes besprechen (Lauf-, Sprech-, Motorikbereich), Auftreten ähnlicher familiärer Probleme; Nennung möglicher Beratungsfachkräfte für professionelle Diagnostik
- Gespräch mit dem Diagnostiker: Schriftproben in Kopie, Schülerbeobachtungen und protokollierten Ergebnisse der Elterngespräche; gemeinsam konkrete, individuelle Fördermaßnahmen erarbeiten; evtl. Nachteilsausgleich wie Zeitzuschlag etc. nötig

- Enge Zusammenarbeit mit den Eltern, um gemeinsame Fördermaßnahmen, Belohnungen und gleiche Materialien zu benutzen
- Förderung beim Schriftspracherwerb, z. B. Lautbildung (Lauthandzeichen; Handspiegel, Handpuppe), Buchstabenform (unterschiedliche Materialien), Verknüpfung Laut und Buchstabe (Muggelsteine)

  WICHTIG Aufgrund der Fehlerinkonsistenz Förderung auf Ebene von Strategien (z. B. Marburger Rechtschreibtraining von Schulte-Körner und Mathwig)[32] und nicht in Bezug auf Abtrainieren von Fehlerschwerpunkten; Grobeinteilung von Wörtern in drei Kategorien ist eine Hilfe: Mitsprechwörter (lautgetreue Wörter), Nachdenkwörter (verbale Selbstinstruktion wie „Ich höre /Ta:k/ und schreibe Tag mit g, weil die Mehrzahl „Tage“ heißt.“), Merkwörter („Ich merke mir: Vater schreibe ich mit V.“); farbliche Visualisierung, z. B. Mitsprechwörter grün, Nachdenkwörter gelb, Merkwörter rot oder Verknüpfung mit Figur/Handpuppe/Bild, z. B. Mitsprechwörter/Schnecke, Nachdenkwörter/Wurm, Merkwörter/Uhu

- Abschreibtraining: Wort genau ansehen, Besonderheiten markieren, Wort abdecken, Schwierigkeiten im Kopf vorstellen, Wort auswendig schreiben, Wort mit Vorlage vergleichen, auf Richtigkeit prüfen
- Eigenständige Textkorrektur anleiten (nach Lessmann)[33]: während Textproduktion Wörter, bei denen man unsicher ist, markieren mit Punkt, im Anschluss im Wörterbuch suchen, Text von hinten Wort für Wort kontrollieren, um Kontext auszuschalten, Sichtfenster hilft dabei; Text noch einmal von vorne lesen und auf Verständlichkeit prüfen, Wortauslassungen, Wiederholungen und Wortvertauschungen feststellen
- Lesepartner: Trainer*in und Sportler*in (also im Lesen/Schreiben starker Schüler*in trainiert die anderen); Viellese-Situationen schaffen
- Mehr Zeit für alle Lese- und Schreibaufgaben einplanen
- Am Computer geschriebene Texte anerkennen
- Aufgabenstellungen in allen Fächern vorlesen oder als Audiodatei
- Abzuschreibende Tafel- und Whiteboard-Texte als Kopie auf den Schülertisch hinlegen und für die häusliche Arbeit mitgeben

---

32 Schulte-Körne, Gerd/Mathwig, Frank (2001): Das Marburger Rechtschreibtraining. Ein regelgeleitetes Rechtschreibtraining für rechtschreibschwache Kinder. Bochum: Verlag Dr. Winkler.

33 Leßmann, Beate (2014/2016): Individuelle Lernwege im Schreiben und Rechtschreiben. Ein Handbuch für den Deutschunterricht. Teil I: Klassen 1 und 2., Teil II (Klassen 3 bis 6: Schreiben, Teil III: Klassen 3 bis 6: Rechtschreiben. Heinsberg: Dieck-Verlag.

BEISPIEL FÜR EINEN FÖRDERPLAN BEI LESE-RECHTSCHREIB-SCHWÄCHE

Förderplan für ______________________ Klasse ______ Zeitraum: ________

Lernbereich/ Förderschwerpunkt	**Nächste Lernschritte**	**Inhalte der Förderung**	**Material und Organisation**
Richtig Schreiben			
Alphabetische Strategie	Konsequentes Durchgliedern von Wörtern	Silben auf Vokale untersuchen	Lotto, Memory®, Dosenwörter
Morphematische Strategie	Wörter mit Wortbausteine -er, -el, -en automatisieren	Wörter mit Wortbausteinen sammeln, hören, lesen, schreiben	Rechtschreib-kartei, Wörter-plakat
Lesen			
Dekodierfähigkeit	Schnelleres und sicheres Lesen von Wörtern	Zweisilbige Wörter ohne Konsonanten-häufungen	Blitzkarten Wörterbingo Silbenmemory® (Kieler Leseauf-bau)
Arbeitstechnik			
Abschreiben	Vier-Schritt-Technik richtig anwenden	Wörter, kurze Sätze abschreiben	Vier Schritte als Merkhilfe, Wörterklinik
Selbstkontrolle	Abgeschriebene Wörter mit Vorlage kontrol-lieren	Zunächst vor-gegebene, dann eigene Texte kontrollieren	Text-Korrektur-Karte

Quelle: Förderplan aus „Ein Leitfaden zum Umgang mit Lese-Rechtschreib-Schwierigkeiten in der Grundschule“, Landesinstitut für Schule und Medien Berlin-Brandenburg (LISUM), Kürzungen und Änderungen: Helga Rolletschek

» WAS TUE ICH BEI LINKSHÄNDIGEN SCHÜLER*INNEN?

Das Problem – Ca. 10 bis 15 Prozent aller Schüler*innen haben ausgeprägte Linkshändigkeit; manche Schulanfänger*innen sind noch nicht auf eine Seite festgelegt; Linkshänder*innen haben z. T. graphomotorische Schwierigkeiten; Spiegeln von Wörtern und Zahlen

Ursachen – Händigkeit angeboren und durch Dominanz einer Hirnhälfte festgelegt; bei Linkshänder*innen rechte Hirnhälfte dominant; meist schon im Alter von ein bis zwei Jahren recht konstante Bevorzugung einer Hand deutlich; gezwungene Umschulung heutzutage selten, jedoch immer folgenschwer, da Kompetenzstreitigkeiten der Hemisphären: Gedächtnis- und Konzentrationsschwächen, feinmotorische Mängel im Schriftbild, Sprechstörungen, Legasthenie, Sekundärstörungen wie Minderwertigkeitsgefühle, Verhaltensstörungen usw.

WAS KÖNNEN LEHRER*INNEN TUN?

- Lehrer*innen einer ersten Klasse sollte einen Handdominanztest durchführen, v. a. wenn Eltern erzählen, dass Kind sich lange nicht entscheiden konnte, mit welcher Hand es etwas tun soll oder wenn es beim Schreiben häufig die Hand wechselt, schnell ermüdet/verkrampft: Dem Kind eine Nagelbürste geben und es bitten, sich die Fingernägel zu bürsten; bei eindeutiger Lateralität wird immer dieselbe Hand bewegt, egal welche Hand die Bürste hält; Rechtshänder*innen bewegen immer die rechte, Linkshänder*innen immer die linke Hand; mit welcher Hand schreibt das Kind? Wie schneidet es? Wie fasst es spontan die Kreide an? Wie gießt es Blumen?; evtl. Hand-Dominanz-Test (HDT) von Steingrüber[34] durchführen
- Richtige Schreibhaltung anleiten: Papier bzw. Heft etwas links von der Mitte vor dem Kind legen, im Uhrzeigersinn leicht nach rechts gedreht (ca. 30 Grad); linke Schulter etwas nach vorne gerückt
- Erinnerungshilfe für richtige Heftlage: mit Tipp-Ex oder Nagellack auf Schreibunterlage Umrisse der richtigen Lage einzeichnen
- Richtige Stifthaltung: Stift locker mit leichtem Zangengriff zwischen Daumen und Zeigefinger halten, am Mittelfinger nur anliegen, Hand liegt unterhalb der Zeile; Schreibgerät nicht zu weit unten fassen, obere Stiftende weist in Richtung über den

34 Steingrüber, Hans-Joachim(2010): Hand-Dominanz-Test. Bern: Hogrefe-Verlag.

linken Unterarm nach außen; rechte Hand fixiert das Papier am rechten Rand auf Schreibhöhe und schiebt das Papier beim Schreiben weiter nach links

- Da Linkshänder*innen stoßende Schreibbewegung durchführen, sind Füller nicht geeignet, besser weicher Bleistift oder Tintenroller; evtl. ab der 3. Klasse Linkshänderer*innen-Füller
- Aufgrund besonderer Wahrnehmungsstrukturierung, Hilfestellung für Arbeitsrichtung nötig, z. B. linker Zeilenanfang mit Kreuzchen, Ende mit Punkt markieren; bei Schreibanfängerer*innen abzuschreibende Wörter auf dem rechten Rand vorgegeben
- Sitzt die/der Schüler*in allein am Schreibtisch, nicht in die Mitte, sondern etwas weiter rechts setzen, sodass ausreichend Platz zum Schreiben auf der linken Seite zur Verfügung steht
- Lichteinfall sollte von rechts kommen
- Sitzen zwei Kinder nebeneinander, sollte linkshändiges Kind an der linken Seite des Schreibpultes platziert werden, damit seine Schreibhand nicht mit der einer/eines neben ihm sitzenden Rechtshänderin/Rechtshänders kollidiert
- Computermaus für Linkshänder*innen links platzieren
- Schneideaufgaben links anfangen lassen und Linkshänder*innen-Schere verwenden; Vorlagen mit Computerprogramm umdrehen/spiegeln
- Linkshänder*innen-Lineale (Zahlenreihe mit der Null auf der rechten Seite beginnt mit Null rechts) für Grundschüler*innen ungünstig, besser: Geodreieck
- Weitere spezielle Werkzeuge für Linkshänder*innen, wie Bleistiftspitzer, im Merkblatt für Eltern notieren
- Linkshändigkeit sollte von Mitschüler*innen als ganz normal betrachtet werden

WAS TUE ICH, WENN SCHÜLER*INNEN LÜGEN?

Das Problem – Schüler*innen, die Lehrer*innen anlügen; die Unwahrheit sagen über vergessene Hausaufgaben, über ihre Beteiligung bei Streit oder Vergehen; unwahre Dinge über ihre familiäre Situation erzählen usw.

Mögliche Ursachen – Starke Fantasie und Einbildungskraft; bei Schuleintritt müsste jedoch zwischen wahr und gelogen differenziert werden können; Wunsch nach Anerkennung; möchte sich interessant machen und im Ansehen der anderen steigen; Angst vor Strafe als häufigste Ursache – je strenger die Eltern oder die Lehrkraft, je größer der Leistungsdruck und je geringer das Selbstwertgefühl, desto eher versuchen die Schüler*innen, ihren *Hals aus der Schlinge* zu ziehen

WAS KÖNNEN LEHRER*INNEN TUN?

- Keine Fallen stellen, sondern direkt ansprechen, dass man weiß, dass das Kind gelogen hat: Du hast die Unterschrift gefälscht! Du hast deine Hausaufgaben nicht gemacht! Du hast abgeschrieben.
- Verständnis zeigen; die Angst nehmen: Wovor hast du Angst, wenn die Sache ans Licht käme?
- Präventiv: Atmosphäre des Vertrauens schaffen – Schüler*innen fühlen sich angenommen, auch wenn ihnen etwas misslungen ist oder sie etwas *ausgefressen* haben
- Thema „Lügen“ in der Klasse anhand von Geschichten, Lesestücken (z. B. Hub, Ulrich: Füchse lügen nicht. Carlsen-Verlag; Schmidt, Troy/Lucado, Max: Lissy, die lügende Fliege. SCM Hänssler) oder Bildern thematisieren und gemeinsam Lösungen entwickeln und in Rollenspielen vortragen und bewerten;
- Mit der Klasse philosophieren zum Thema „Wahrheit und Lüge“: Was ist Wahrheit? Warum soll man nicht lügen? Muss man immer die Wahrheit sagen? Gibt es unterschiedliche Arten von Lügen? Kann man ohne Absicht lügen? Kann Lügen manchmal erlaubt oder sogar notwendig sein?
- Bei gelegentlichen Lügen keine *Szene* machen, jedoch im Vieraugengespräch oder durch ein vereinbartes geheimes Zeichen erkennen lassen, dass Schüler*in durchschaut wurden und man Lügen nicht akzeptiert
- Schüler*innen müssen erkennen, dass ein schlechtes Gewissen meist schlimmer ist als die Wahrheit; sie durch das Lügen keinen Vorteil erhalten; sie das Lügen eigentlich nicht nötig haben, Lügen keine echte Konfliktlösung darstellt

WAS KÖNNEN LEHRER*INNEN TUN?

ACHTUNG! Schwierige/auffällige Kinder können von Mitschüler*innen als Sündenböcke missbraucht werden, deshalb gut überprüfen, wer lügt, um keine falschen Anschuldigungen zu machen und damit Vertrauen zu verlieren!

- Ursachenforschung:
  - Genaue Beobachtung: Wann, in welchen Situationen lügt die/der Schüler*in? Lügt sie/er auch bei anderen Kolleg*innen?
  - Mit den Eltern Kontakt aufnehmen und Problem ansprechen: Lügt das Kind zu Hause auch? Wie häufig kommt das Verhalten vor?
  - Einzelgespräche mit dem Kind führen
  - Soziogramm durchführen, um Stellung des notorischen Lügners in der Klasse herauszufinden
- Außenseiter in die Klasse **integrieren** (siehe S. 44)
- **Selbstsicherheit** und **Selbstbewusstsein** stärken, damit die/der Schüler*in zu seinem Verhalten stehen kann (siehe S. 20, 104)
- Ihr/Ihm die Möglichkeit geben, es wieder gut zu machen
- Vermeiden, mit Repressalien zu drohen, um Teufelskreis zu stoppen, sonst wird Schüler*in beim nächsten Mal noch überzeugender lügen
- Mit der/dem Schüler*in einen Verhaltensplan mit Maßnahmen erstellen, bei dem sie/er daran arbeiten soll, statt zu lügen, der Lehrkraft und den Mitschüler*innen die Wahrheit zu sagen und dafür positive Verstärkung zu bekommen

WAS TUE ICH, WENN ICH SEXUELLEN MISSBRAUCH VERMUTE?

Das Problem – Laut aktueller Kriminalstatistik (PKS Bundeskriminalamt 2018) werden in Deutschland ca. 250 Kinder pro Woche sexuell missbraucht, fast 14.000 pro Jahr; Mädchen deutlich häufiger betroffen als Jungen; Tatort meist Familienwohnung und Täter*innen aus dem Bekanntenkreis; meist verschweigen das die Kinder, da häufig unter Druck (Erpressung mit Liebesentzug, Bestrafung); meist keine Unterstützung der weiteren Bezugspersonen (z. B. Mutter), da diese die Ehre der Familie aufrechterhalten wollen. Der Druck auf das Kind ist in solchen Fällen physisch und psychisch am größten und man kann sich kaum vorstellen, wie die Kinder leiden. Die Auswirkungen des Leidens zeigen sich in unterschiedlichen Verhaltensweisen und in einer Reihe von körperlichen Symptomen.

Mögliche Anzeichen – Fehlender Kontakt zu Gleichaltrigen bzw. verändertes geschlechtsspezifisches Verhalten; unregelmäßiger Schulbesuch; dissoziales oder aggressives Verhalten wie unangemessene Wutausbrüche, unfaires Verhalten gegen über Jungen – falls der Missbrauch durch einen Mann stattgefunden hat; Verweigerung der Zusammenarbeit mit bestimmten Schüler*innen; übermäßig angepasstes oder depressives Verhalten um nicht aufzufallen, keine Fragen beantworten zu müssen, in Ruhe gelassen zu werden; plötzlicher Einbruch der schulischen Leistungen; altersunangemessenes, kleinkindliches Verhalten um deutlich zu machen, dass Schüler*in Hilfe braucht, Trennungsängste, die plötzlich auftreten und untypisch sind; unangemessenes sexuelles Verhalten, wie Zeigen der Geschlechtsorgane, sexuelle Neugierde, sexualisierte Sprache; im Unterricht abwesend; Hausaufgaben werden nicht gemacht; müde und unausgeschlafen; veränderte Körperhaltung; plötzliche Sprechstörungen; Autoaggression wie Nägelbeißen, Ritzen

WAS KÖNNEN LEHRER*INNEN TUN?

- Sensible Beobachtung auf vielen Ebenen über längere Zeit, um Änderungen im Verhalten festzumachen
- Über den Verdacht mit internen und externen Expert*innen sprechen, z.B. Jugendsozialarbeiter*innen, Beratungsstellen gegen sexuellen Missbrauch (z.T. auch mehrsprachig), Schulpsycholog*innen
- Gespräch mit der/dem Schüler*in: Signalisieren, dass ihr/ihm geglaubt wird; Schuldgefühle nehmen; bestärken, dass es richtig war, etwas zu sagen; genau hinhören, offene Fragen stellen; nicht versprechen, dass Lehrer*in alles für sich behält, sonst keine Intervention möglich
- Darauf hinweisen, dass es auch schlechte Geheimnisse gibt; wichtig, sich der Lehrkraft anzuvertrauen
- Evtl. Gespräch mit den Eltern über Beobachtungen führen
- Aus den Reaktionen des Kindes/der Eltern ein Gesamtbild machen und an professionelles Fachpersonal wenden, um weiteren Weg zu besprechen und zu gehen
- Schüler*in auf jeweilige Beratungsstelle verweisen, da auch anonyme Telefongespräche durchgeführt werden; Adressen beim Jugendamt, beim schulpsychologischen Dienst und anderen Schulberatungsstellen

WICHTIG therapeutische Behandlung

Was Lehrer*in nicht tun sollte: Nachbohren, Details erfragen; stattdessen: Fachpersonal einschalten

Prävention:

- Selbstsicherheit aufbauen; sich seines Wertes bewusst werden: „Mein Körper gehört mir, er ist wertvoll und ich habe das Recht ihn zu schützen.“, „Es gibt schöne und schlechte Berührungen“, „Ich darf Nein sagen, wenn ich etwas nicht möchte“, Projekte wie „Mit mir nicht!“, “Mein Körper gehört mir.“ (z. B. Eukitea); Selbstbehauptungstrainings; Nein-Sagen üben (vieles davon sind Bestandteile von Polizeikursen für Kinder, wie „Aufg'schaut!“ – Training zur Selbstbehauptung und Zivilcourage der Münchner Polizei)
- Ermutigen, sich Hilfe zu holen, sich anzuvertrauen: „Ich kann meinen Eltern, Lehrer*innen, Bezugspersonen alles erzählen, denn die nehmen mich ernst!“; Es gibt gute und schlechte Geheimnisse; schlechte Geheimnisse zu erzählen ist nicht petzen
- „Ich lerne meine Gefühle kennen“; Schüler*innen bestärken, auch ihre eigenen Gefühle zu vertreten
- Schuldgefühle nehmen: „Ich bin nicht schuld am Missbrauch.“

WAS TUE ICH, WENN SCHÜLER*INNEN IM UNTERRICHT NICHT MITARBEITEN?

Das Problem – Manche Schüler*innen melden sich fast nie, Unterrichtsmitarbeit fördert aber durch die Aktivierung und die Verbalisierung den Lernzuwachs

Mögliche Ursachen – Schüchtern und gehemmt? Introvertiertes, zurückgezogenes Verhalten? Angst vor Blamage? Mangelndes Selbstwertgefühl? Etwas langsamer und bedächtiger und bräuchten daher mehr Zeit? Unkonzentriert und müde, mit den Gedanken nicht bei der Sache? Antriebsmangel, Motivationslosigkeit? Fehlen eines positiv emotionalen Kontaktes zwischen Lehrer*in und Schüler*in? Leistungs- oder Intelligenzdefizite? Chronische Überforderung? Unterforderung, Langweile?

WAS KÖNNEN LEHRER*INNEN TUN?

- Analyse des eigenen Aufrufverhaltens: Gibt es Schüler*innen, die man bevorzugt aufruft? Schüler*innen in der Mitte des Klassenzimmers? In der ersten Reihe? Mädchen oder Jungen? Ruft man leistungsschwächere und zurückhaltende Schüler*innen bevorzugt auf oder nur dann, wenn sich sonst keiner meldet? Verwendet man das Aufrufen zur Disziplinierung, indem unaufmerksame Schüler*innen zwangsaufgerufen werden? Haben die Schüler*innen Zeit zum Nachdenken, oder ruft man die Schnellen auf?

- Auf keinen Fall zurückhaltende Schüler*innen einfach ohne Vorwarnung aufrufen, um nicht ihre Angst zu verstärken und das Problem zu vergrößern
- Schüler*innen vorsichtig ermuntern: „Vielleicht möchtest du nachher auch noch etwas zu diesem Thema sagen?“
- Fragen stellen, welche zur Mitarbeit motivieren: statt „Hast du noch Fragen?“, also z. B. „Was hast du schon alles verstanden?“, „Was hat das für einen Sinn für dich?“, „Was soll noch geklärt werden?“
- Vereinbarte Meldezeichen: Erstmeldungen mit flacher Hand etc., um Erstmeldungen zu berücksichtigen
- Aktivierende Unterrichtsmethoden wie Blitzlicht, Marktplatz, *Placemat*, geben den Schüler*innen die Möglichkeit, sich zu einer Sache zu äußern – das aber wiederum freiwillig
- Bei hoher Beteiligung kann man auch Namensschilder aller Kinder aufstellen lassen, die umgedreht werden, wenn ein*e Schüler*in aufgerufen wurde
- Aktivierend für manche Schüler*innen ist auch das Anlegen einer Meldeliste/individuellen Plans für verändertes Verhalten: Für die Steigerung gibt es einen positiven Verstärker

Montag	**Dienstag**	**Mittwoch**	**Donnerstag**	**Freitag**
IIII →	卌 Steigerung?			
	Ja ☒ Nein ☐			

- Sehr schüchternen Schüler*innen hilft auch, kurze Antworten dem Lehrer ins Ohr zu flüstern (Sprachrohr, Flüstertüte); zuerst ein Partnergespräch vor dem Plenumsgespräch schalten
- Nicht aufgerufene Schüler*innen in einem Kommentar einbeziehen: „David und Gülden hatten ebenfalls gute Antworten gefunden, Meike und Tim waren auf der richtigen Spur. Ich hatte den Eindruck, ihr habt alle gut nachgedacht!“
- Stärkung des **Selbstvertrauens** durch das Übertragen kleiner Aufgaben und das Bewusstmachen der positiven Leistung (siehe auch S. 20, 106)

» Liegt die mangelnde Mitarbeit an Faulheit, könnte Lehrer*in bei der Gruppenarbeit darauf achten, dass diese Schüler*innen Ergebnisse vortragen; Einfluss der mündlichen Noten aufzeigen; sie selbst einschätzen lassen und ihnen die mündlichen Noten nennen

WICHTIG Grundsätzlich ist wichtig, dass im Klassenzimmer eine kameradschaftliche, angstfreie Atmosphäre herrscht, in der sich jeder traut, auch einmal Fehler zu machen

WAS TUE ICH BEI MOBBING?

Das Problem – Sachbeschädigung; körperliche und verbale Gewalt, Hänseln, Beschimpfen, Herabsetzen, Bloßstellen, Schikanieren, Ausgrenzen; links liegen lassen (stummes Mobbing); Erpressung und Terrorisierung; über einen längeren Zeitraum hinweg, oft auf dem Schulhof oder in den Pausen

Ausmaß des Problems – 20 Prozent aller Selbstmorde unter Jugendlichen erfolgen nach Ansicht von Experten aufgrund von Mobbing

Abgrenzung – Bullying; hier kommt körperliche Gewalt hinzu, häufig synonym verwendet

Anzeichen von Mobbing – Häufig suchen Opfer die Schuld bei sich und informieren niemanden; psychische Schädigungen, wie Verlust des Selbstvertrauens (gebückte Haltung, leise Stimme, keinen Blickkontakt usw.) psychosomatische Reaktionen wie Appetitlosigkeit, Bauchschmerzen, Kopfschmerzen, Albträume, Schlafstörungen; physische Schädigungen (Verletzungen); sonstige Reaktionen, wie Konzentrationsprobleme, Leistungsrückgang, Fehltage, Schwänzen, Angst vor dem Schulweg, Depressionen, Suizidgedanken

Mögliche Ursachen – Einfluss außerschulischer Gewaltkriminalität; Vorbild von Medien; Schüler*innen, die andere unter Druck setzen, haben selbst nur mangelnde Zuwendung erfahren, fühlen sich vernachlässigt, haben ein vermindertes Selbstwertgefühl; Häufig über- oder unterfordert; Abbau von Aggressionen; keine klaren Grenzen; wenig emotionale Intelligenz und Empathiefähigkeit; Langeweile, Wunsch nach Anerkennung in der Gruppe; *Reinrutschen* durch Angstklima, Disziplinlosigkeit; verschiedene Rollen im Mobbingsystem, auch Zuschauer tragen die Verantwortung

WAS KÖNNEN LEHRER*INNEN TUN?

WICHTIG Opfer schützen, Täter*innen Grenzen aufzeigen; Schüler*innen: Sollen Mut haben, sich an eine Person wenden, die helfen kann; Lehrer*innen: Vertrauensvolle Atmosphäre schaffen, klar Standpunkt beziehen

- Klassenatmosphäre der gegenseitigen Akzeptanz und Sicherheit schaffen; Klassenregeln als präventive Maßnahmen gegen Mobbing
- Ansprechpartner*innen an der Schule installieren, Streitschlichter*innen, Mediator*innen
- *No Blame Approach:* Gespräch mit Opfer, dann mit umgewandelter Unterstützergruppe; gemeinsam Verantwortung tragen; Verhaltensweisen verändern; bei älteren Schüler*innen konfrontative Methode, bei denen in einer Konferenz alle befragt werden
- Zusammenarbeit mit Eltern, Schulleitung, Jugendamt, der Erziehungsberatungsstelle oder einer anderen Beratungseinrichtung
- Konferenzen, um Thematik zu behandeln und Anti-Mobbing Konvention zu erarbeiten
- Mobbing-Tagebuch führen lassen über Vorfälle und Auswirkungen als Indikator für das Ausmaß
- Kontakt, Gespräch mit Eltern, über Warnsignale informieren, evtl. Elternabend
- Ausgegrenztsein spüren lassen in Rollenspielen, z. B. drei Teilnehmer*innen hinausschicken, restliche Teilnehmer*innen in drei Gruppen aufteilen und im Raum verteilen; instruieren, die drei Teilnehmer*innen zu ignorieren, abzuwerten, wegzuschicken, wenn sie zu ihnen kommen; die Teilnehmer*innen vor der Tür bekommen die Aufgabe, eine ganz normale Information zu erfragen, z. B. Wo findet heute der Musikunterricht statt?; im Anschluss über die erzeugten Gefühle sprechen
- Perspektivenwechsel vornehmen lassen; verschiedene Rollen beim Mobbing wechselseitig einnehmen und über Gefühle sprechen lassen: Täter*in, Opfer, Verstärker*innen, Assistent*innen, Verteidiger*innen, Außenstehende (Participant-Role-Ansatz[35])

---

35 Salmivalli, Christina/Lagerspetz, Kirsti/Björkqvist, Kaj, Österman, Karin, Kaukiainen, Ari (1996): Bullying as a Group Process: Participant Roles and their Relations to Social Status within the Group. Aggressive Behavior, 22, 1–15, Wiley.

- Stärkung des Selbstwertgefühls und der Beziehungsfähigkeit der Schüler*innen, Kooperationsspiele (siehe S. 35), kooperative Unterrichtsformen
- Lernen, Nein zu sagen, sich abzugrenzen (Sport, Jugendgruppen)
- Mobber*innen: Gespräch mit Eltern, Schulleiter*innen, Schulpsycholog*innen, müssen erfahren, dass Umwelt dieses Verhalten ablehnt, Aufbau positiver Verhaltensweisen durch Verstärkung, Einüben von Techniken, um Konflikte verbal zu lösen

WAS TUE ICH, WENN SCHÜLER*INNEN MOTORISCH AUFFALLEN?

Das Problem – Motorische Störungen und Auffälligkeiten auf verschiedenen Ebenen sehr häufig; Schwierigkeiten sich selbst wahrzunehmen, sich zu bewegen, auf einem Bein zu stehen oder auf einer geraden Linie zu gehen; bei Problemen der Grobmotorik (Bewegung von Rumpf, Bauch, Becken, Rücken, Schultern, Armen, Beinen und Kopf); niedrige Muskelspannung oder auffälliges Körperempfinden, ungeschickte Bewegungen, fallen leicht um; stoßen sich häufig an; verletzen sich; bei Problemen in der Feinmotorik (gezielte und koordinierte Bewegungen von Fingern und Zehen sowie des Gesichtes); Schwierigkeiten in der Schreibbewegung, beim Malen, Zeichnen, Ausschneiden; Spezialfall die ticartigen Körper- und Gesichtszuckungen als unrhythmische, plötzlich auftauchende und weitgehend unwillkürlich auftretende Körperbewegungen, die nur in sehr engen Grenzen willentlich unterdrückt werden können; diese müssen unbedingt psychiatrisch diagnostiziert und therapeutisch behandelt werden; in schwerer Form Dyspraxie als lebenslange Koordinations- und Entwicklungsstörung im ICD-10 klassifiziert

Sekundärproblematiken – Geringe Belastbarkeit, Stimmungsschwankungen, Konzentrationsprobleme, Aggressionen bis hin zu Depressionen oder Sucht; häufig multiple Störungen, z. B. gemeinsames Auftreten bei Rechenschwäche

WELCHE URSACHEN KÖNNEN MOTORISCHE AUFFÄLLIGKEITEN HABEN?

Organisch, angeboren; sozial-räumlich: Verzögerungen der motorischen Entwicklung durch die Einschränkung des natürlichen Bewegungsdranges aufgrund enger räumlicher Verhältnisse, sozialer Gegebenheiten, mangelndem Ansporn und fehlender Anregungen zur Bewegung; Kinder mit solchen Störungen lernen unter anderem erst viel zu spät gehen und laufen, weil keine Bezugsperson da ist, die sie zum Gehen animiert und so Bewegungsanreize gibt.

WAS KÖNNEN LEHRER*INNEN TUN?

WICHTIG Ausgeprägte motorische Störungen gehören in die Hände von professionellen Fachleuten, wie Kinder- und Jugendpsychiater*innen, Schulpsycholog*inneen, Ärzt*innen, Heil- oder Ergotherapeut*innen; Therapien immer vom *Groben* zum *Feinen* aufgebaut

» Genaue Beobachtung der Grob- und Feinmotorik, Ankreuzen, ob sehr gut, mittel, schlecht, sowie Raum für weitere Anmerkungen, um mögliche Probleme zu diagnostizieren und Eltern an Fachleute weiterzuleiten (siehe S. 85)

» Förderung der Grobmotorik: Vielfältige Bewegungs- und Lockerungsspiele im Unterricht und Sport; An-/Entspannung; Übungen zur Körperwahrnehmung, Gleichgewicht, Beweglichkeit, Raumwahrnehmung, Seitigkeit, körperorientierte Kooperationsspiele; großflächiges, kooperatives Malen, z. B. Gemeinschaftsbilder und -collagen; Übungen, bei denen die Körpermitte überkreuzt wird, z. B. die liegende Acht

» Förderung der Feinmotorik: Steckspiele, Steckpuzzles; Hämmerchenspiele; Mosaik-Steckspiele; Perlen-Fädelsets, Angelspiele; Webrahmen; Flechtspiele; Tangrams; Umgang mit Pinzette, Wäscheklammern; Dosenwerfen; Wurfspiele mit Luftballons; mit Wasserpistolen Kerzen ausspritzen; Fingerpuppen; Sportförderkurse auch für Schüler*innen mit feinmotorischen Problemen

BEOBACHTUNGSBOGEN ZUR GROBMOTORIK UND FEINMOTORIK

Grobmotorik			Feinmotorik		
Bewegt sich sicher und gelenkig	Ja ☐	Nein ☐	Kann Bleistift richtig halten (keine Verkrampfung)	Ja ☐	Nein ☐
Wirkt geschickt beim Springen und Hüpfen	Ja ☐	Nein ☐	Altersgemäße grafische Darstellungen gelingen	Ja ☐	Nein ☐
Schlusssprung aus dem Stand gelingt	Ja ☐	Nein ☐	Kann aus- und nachmalen	Ja ☐	Nein ☐
Kann einen Ball fangen	Ja ☐	Nein ☐	Geschickt beim Schneiden, Falten, Kleben, Reißen, Kneten	Ja ☐	Nein ☐
Kann rückwärts gehen	Ja ☐	Nein ☐	Kann Schulsachen im angemessenen Tempo ein-/auspacken	Ja ☐	Nein ☐
Geht eine Treppe mit Fußwechsel auf und ab	Ja ☐	Nein ☐	Kann sich alleine aus- und anziehen	Ja ☐	Nein ☐
Kann auf den Zehen (Fersen) gehen	Ja ☐	Nein ☐	Kann seine Schuhbänder alleine binden	Ja ☐	Nein ☐
Kann auf einem Bein stehen (li., re.) (hüpfen)	Ja ☐	Nein ☐	Kann Knöpfe und Reißverschluss handhaben	Ja ☐	Nein ☐
Kann balancesicher von einem Stuhl springen	Ja ☐	Nein ☐			

WAS TUE ICH, WENN SCHÜLERN EXTREM NERVÖS SIND?

Das Problem – Schüler*innen mit innerer Unruhe, die nicht damit umgehen können; zeigen nervöse Verhaltensweisen, ohne dass sie es wahrnehmen, z. B. Nägelkauen, tippen mit dem Stift permanent auf den Tisch, ohne dass sie dieses Verhalten im Griff haben oder bekommen; Es passiert einfach und der Körper braucht solche Handlungen, damit die Situation bzw. die innere Unruhe auszuhalten ist.

Mögliche Ursachen – Nervöses Verhalten als Ausdruck; Symptom für vielfältige Ursachen, u. a. aktuelle krisenhafte Erlebnisse, familiäre Schwierigkeiten, Über- oder Unterforderung; mangelndes Interesse; soziale Probleme; oder (aktuelle oder längerfristige) organische Defizite; Ticstörung

WAS KÖNNEN LEHRER*INNEN TUN?

Ziel: Schüler*innen sollen wieder ruhiger und ausgeglichener werden und mit ihren ursächlichen Problemen lernen umzugehen.

- *Hilfeschrei* wahrnehmen und sensibel nachgehen
- Durch genaue Beobachtung herausfinden, in welchen Situationen Schüler*in das Verhalten extrem zeigt und wann er/sie ruhig, konzentriert und ausgeglichen ist
- Gespräch mit den Eltern: Nehmen auch Sie das Kind als nervös wahr? Welche typischen Verhaltensweisen zeigt es zu Hause? Welche Auslöser für die Nervosität können Sie sich vorstellen? Was meinen Sie hilft Ihrem Kind, die Nervosität zu verringern? Fragen nach dem Medienkonsum (Computerspiele, Fernsehen, Videofilme), nach aktuellen (familiären) Krisen und nach familientypischen Verhaltensweisen (Persönlichkeitszügen) sind für die Maßnahmenplanung wesentlich; stellt sich heraus, dass das Kind erst seit dem gesteigerten Spielen von aggressiven Computerspielen so nervös geworden ist, dann liegt die Maßnahme auf der Hand
- Tritt die Nervosität vor allem dann auf, wenn in der Schule Leistungsfeststellungen anstehen, sollte eine Diagnostik der kognitiven Ressourcen, des schulischen Leistungsvermögens und der möglichen Ängste des Kindes erfolgen (z. B. durch Beratungsfachkräfte der Schule).
- Sind die nervösen Verhaltensweisen Ausdruck einer psychischen Störung, müsste eine Therapie eingeleitet werden, wobei sich in diesem Fall eine verhaltenstherapeutisch orientierte Spieltherapie eignet, bei der das Kind *lernen* kann, den inneren Unruheimpulsen auf die Spur zu kommen und mit ihnen kompetent umzugehen.
- Im Unterricht helfen Ruhe- und Entspannungsphasen, rhythmisierte Unterrichtsstunden (aktive Phasen, Gruppenarbeit, gelenkter Unterricht, Einzelarbeit, offene Formen) und die Möglichkeit des **Time-out** (siehe S. 18)
- Aufbau des Selbstwertgefühls durch Helfersysteme, bei denen sie/er einerseits Hilfe von anderen bekommen und andererseits Hilfestellung anbieten können, lassen die/den nervösen Schüler*in erkennen, dass ihr/ihm Hilfe gut tut und stärken sie/ihn, dass auch sie/er anderen helfen kann
- Ist die Nervosität bedingt durch Überforderung braucht die/der Schüler*in vereinfachte oder differenzierte Arbeitsaufträge

- Ein*e aufgrund von allgemeinen Ängsten nervöser Schüler*in braucht eine entspannende Lernumgebung (Klassenklima, siehe S. 53) und eine Lehrkraft, die ihre/seine Ängste durch individuelle Gespräche auffängt
- Verhaltensreflexion hilft der Eigenwahrnehmung, macht in der Beobachtung des eigenen Verhaltens sensibel und gibt die Chance, über die Ursachen des nervösen Verhaltens nachzudenken
- Im *Pausengespräch* der/dem Schüler*in nervöses Verhalten spiegeln und ihr/ihm anbieten, gemeinsam darüber nachzudenken, was der Auslöser für ihre/seine Nervosität war. Diese Reflexion ist der erste Schritt der Eigenwahrnehmung, macht die Kinder in der Beobachtung ihres eigenen Verhaltens sensibel.

WAS TUE ICH, WENN EIN*E NEUER SCHÜLER*IN IN DIE KLASSE KOMMT?

Das Problem – Integration neuer Schüler*innen wird dann ein Problem, wenn sie nicht den herrschenden Gruppennormen entsprechen; evtl. kulturelle Unterschiede; falls sprachliche Probleme hinzukommen; Leistungsprobleme, aufgrund anderer Lehrpläne

WAS KÖNNEN LEHRER*INNEN TUN?

- Positives Klassenklima: Sozialbeziehungen und Denkhaltungen geprägt von gegenseitigem Respekt; **soziales Lernen** im Mittelpunkt; Vorbildfunktion der Lehrkraft (siehe S. 53)
- Perspektivenwechsel: Vielfalt als etwas Positives vermitteln; Wecken von Empathiefähigkeit; Förderung sozialer Neugierde, um eigene Wahrnehmung zu erweitern und den Blickwinkel der anderen einzunehmen; u. a. über Rollenspiele; *sprechende Standbilder*, bei denen Situationen nachgestellt und die Gedanken von einer/einem anderen Schüler*in laut ausgesprochen werden; Fantasiereisen und diese Welten malen lassen
- Zusammenhänge aufzeigen, eigene Verantwortung fördern: fächerverbindender, problemorientierter und handelnder Unterricht; Projektunterricht; Öffnung der Schule: Kinderliteratur aus anderen Ländern kennenlernen; andere Kulturen in Rollenspielen, Festen, Gesprächen, Bildern kennenlernen; bunter Liederkreis mit Tänzen und Liedern aus verschiedenen Ländern; Kooperation mit Förderschulen; Brieffreundschaft mit Klassen in anderen Bundesländern initiieren usw.

- Stärken herausarbeiten und mit Defiziten umgehen lernen: Aufgaben übertragen; Gefühl geben, gebraucht zu werden
- Gestaltung des ersten Schultags für neue Schüler*innen:
  - Vorbereitungen: Vorab im Gespräch mit Schüler*in und den Eltern eruieren, welche Sorgen und Ängste sie/er mitbringt und wie der erste Tag gestaltet werden könnte. Will sie/er nicht in den Mittelpunkt gerückt werden, sollte man das akzeptieren. Genießt sie/er, im Zentrum zu stehen, kann sie/er in einem Empfangsritual eine Begrüßungskette aus Popcorn umgehängt bekommen; an der Tafel hängt ein Begrüßungsplakat der ganzen Klasse; jede*r Schüler*in kann auch ein kleines Begrüßungskärtchen gestalten, in dem sie/er sich vorstellt und ihr/ihm einen guten Wunsch mit auf den Weg gibt; Materialliste zukommen lassen; überlegen, wo sie/er sitzen wird; Kennenlernspiele überlegen
  - Zum Kennenlernen soll sich jede*r Schüler*in eine oder zwei Fragen an die/den neue*n Mitschüler*in überlegen, diesem im Kreis einen Ball zuwerfen und ihm die Frage stellen
  - Auf einer Weltkarte den Heimatort der/des neuen Schülerin/Schülers markieren und sie/ihn über ihre/seine Heimat erzählen lassen, in den nächsten Tagen Fotos und typische Gegenstände mitbringen; spricht sie/er eine andere Sprache, diese wertschätzen, indem z. B. die Begrüßung auch in dieser Sprache erfolgt
  - Wichtig wäre am ersten Tag inhaltlich etwas anzubieten, was Spaß macht und bei dem das neue Kind problemlos *mitkommen* kann, um nicht frustriert zu werden
  - Neuen Schüler*innen die Möglichkeit geben, von den Lernmethoden und Inhalten der ehemaligen Schule zu erzählen
  - Anfangs alle Schüler*innen wieder einen Namensanhänger um den Hals tragen lassen, damit die/der Neue die Namen schnell lernen kann
  - Mentor*in oder Pat*in für Anfangszeit: Wie laufen der Unterricht und die Hausaufgaben bei uns? Wer bringt bei Krankheit die Hausaufgaben? Wer ist in der Schule wofür zuständig?
  - Eltern Kontakt knüpfen lassen über Ausflüge, thematische Elternabende

WAS TUE ICH, WENN SCHÜLER*INNEN OBSZÖNES VERHALTEN ZEIGEN?

Das Problem – Drastische Schimpfwörter, obszöne Ausdrücke; oft bewusst eingesetzt, um andere zu schockieren, zu mobben und zu bedrohen; Sprache als Machtmittel/Gewaltmittel eingesetzt, geht körperlicher Gewalt oftmals voraus

Mögliche Ursachen – Minderwertigkeitsgefühle aufgrund schlechter Leistung und geringer sozialer Anerkennung; Probleme in der Körperwahrnehmung; in psychiatrischen Fällen als Ausdruck bei Tic-Störung, wie Tourette-Syndrom, bei Aggressivität, emotionalen Störungen wie Depressivität oder der Aufmerksamkeitsschwäche

WAS KÖNNEN LEHRER*INNEN TUN?

- Arbeit an respektvollem Umgang und Sprachkultur an der Schule/in der Klasse
- Einführen von Klassenregeln, wie miteinander gesprochen wird und ein Zielkatalog für soziale Verhaltensweisen festlegen; die Regeln sollten immer wieder thematisiert („Regel der Woche") und konsequent befolgt werden
- Mögliche sinnvolle Sanktion bei Regelüberschreitung: Schüler*in soll mindestens drei anderen Schüler*innen schöne Wortgeschenke machen, also etwas Positives sagen oder schreiben; Schüler*in soll daheim im Internet recherchieren, was dieser Ausdruck eigentlich bedeutet und dies aufschreiben
- Wollen Schüler*innen damit provozieren, Verhalten ignorieren und in einem persönlichen Vieraugengespräch klären, ob den Schüler*innen überhaupt die Bedeutung bewusst ist
- Abklären durch Fachkraft, ob Tic-Störung zugrunde liegt; falls ja, Beschreibung der Tic-Reaktionen und Selbstwahrnehmung trainieren; allgemeine Reduktion von Anspannung und Stress; spezifische Gegenbewegung einüben, z. B. Faust ballen
- Bei wiederholtem Auftreten Auszeit/**Time-out** (siehe S. 18) gewähren, durch vereinbarte *Nein-Karten* auf das Verhalten aufmerksam machen, mittels Ich-Botschaften deutlich zeigen, dass dieses Verhalten nicht akzeptiert wird, z. B. „Ich will nicht, dass du mir den Stinkefinger zeigst, weil es mich verletzt!"; mittels kurzer Notiz im Hausaufgabenheft Eltern über die Ausdrücke des Kindes informieren
- Im Gespräch mit den Eltern deren Umgangsweise eruieren, die Hinweise auf mögliches Modelllernen geben könnten

» Durchführen von Empathieübungen in der Klasse: Wie fühlt sich ein*e betroffene*r Mitschüler*in, wenn obszöne Ausdrücke fallen? Wie hat das auf mich gewirkt?; Einschätzung kann auch schriftlich erfolgen und verglichen werden mit dem, was die/der Betroffene tatsächlich empfunden hat

Beispiel für Anwendung des Kommunikationsmodells nach Schulz von Thun[36] mit vier Seiten einer Nachricht auf häufige Beleidigung in Gruppenarbeit: Hurensohn

Sachebene: Deine Mutter geht einer Tätigkeit im horizontalen Gewerbe nach (als reine Faktenmitteilung).

Beziehungsebene: Ich kann dich nicht leiden. Wir sind keine Freunde.

Appellebene: Reagiere auf mich! Zeige mir, dass ich es geschafft habe, dich zu verletzen! Gib mir die Möglichkeit, dich weiter zu provozieren!

Selbstoffenbarungsebene: Ich fühle mich klein. Es geht mir schlecht. Ich brauche dich, deine Reaktion, um mich besser/größer zu fühlen. Ich will, dass es dir schlecht geht, damit ich mich über dich erheben kann. Ich benutze dich zur Erhöhung meines angekratzten Selbstwertgefühls usw.

» WAS TUE ICH BEI PROBLEMEN WÄHREND DER PAUSE?

Das Problem – Häufige Streitereien und Auseinandersetzungen in der Pause; Verletzungen; Petzen

Mögliche Ursachen – Aufgestauter Bewegungsdrang, aus fröhlicher Wildheit kann leicht Ernst werden; Konflikte brechen aus; unterschiedliche Bedürfnisse der Schüler*innen führen zu Meinungsverschiedenheiten und Streit; fehlendes Problemlösungsverhalten

Verstärkt werden Pausenprobleme durch ... – langweilige Pausenhöfe ohne Spielmöglichkeiten, lange Schlechtwetterphasen, in denen Bewegungsenergien aufgestaut werden, weil sich die Schüler*innen nicht im Freien bewegen konnten; sehr anstrengenden und unrhythmisierten Unterricht; mangelndes Konfliktlösungstraining in den Schulen; ungutes Klassen- und Schulklima

36 Schulz von Thun, Friedemann (1981): Miteinander reden: Störungen und Klärungen. Psychologie der zwischenmenschlichen Kommunikation. Reinbek: Rowohlt. Konkretes Beispiel in Anlehnung an WDR Planet Schule, 2012.

WAS KÖNNEN LEHRER*INNEN TUN?

Prävention

- Anbieten von Spielmöglichkeiten, Spielekisten über Elternbeirat oder Stadt anschaffen
- Verhalten zum geordneten Gehen in die Pause und Abholung nach der Pause an festen Abholorten schulintern regeln
- Pausentippkarteien mit ruhigen Beschäftigungsspielen für Hauspausen
- Erarbeiten von Pausenregeln, die Schüler*innen und Eltern unterschreiben
- Helfersystem oder Patenschaften mit älteren Mitschüler*innen für Erstklässler*innen
- Thema Streit und Konfliktlösestrategien im Unterricht/als Projekt für die Schule
- Symbolischer Friedensteppich, an den die Pausenaufsicht die Beteiligten einer Schlägerei hinführt und Konflikt aufarbeitet: „Wie hättest du anders reagieren können?“
- Streitschlichter*innen ausbilden und Projekte in Klassen durchführen
- Nach jeder Pause oder im **Klassenrat** (siehe S. 12) Schüler*innen über positive Verhaltensweisen von anderen Schüler*innen berichten lassen: „Ich fand toll, dass ...“
- **Wöchentlich schriftlich fixiertes Pausenmotto:** z. B. „Wir schubsen nicht“ nach jeder Pause gemeinsam reflektieren und bei Bedarf thematisieren

Intervention

- Bei Streitereien einen Beschwerdeantrag ausfüllen und der Pausenaufsicht abgeben, welche dann weitere Schritte mit der Klassenlehrkraft einleiten kann

Beschwerdeantrag – Bitte in lesbarer Schrift ausfüllen

Antragssteller*in: ______________________ Klasse: ________

Grund/Ursache: ______________________

Beschreibe genau, was vorgefallen ist, wer beteiligt war:

____

____

Was möchtest du? ☐ Gespräch mit den beteiligten Schülern

☐ mit der Klassenlehrkraft ☐ mit ______________________

- Stoppsignal einsetzen bei Streitereien (**Stopptechnik**, siehe S. 49)
- Auszeit/**Time-out** (siehe S. 18): Schüler*innen in einen Trainingsraum schicken
- Bei Schüler*innen, die häufig in Pausenkonflikte verwickelt sind oder grundsätzlich zu spät zurückkommen, individuellen Ziele-Plan erstellen, der folgendermaßen gestaltet werden kann:

  Mein Ziel: *Ich verhalte mich in der Pause friedlich*
  So ist mir das heute gelungen: ☺ ☹

- Erwünschtes Verhalten bestärken, indem Punkte gesammelt werden können bei gelingendem Verhalten, aber auch Punkteabzug, wenn es nicht geschafft wurde; z. B. nach der Pause entweder eine Murmel in das Glas mit dem Smiley, oder in das Glas mit dem traurigen Gesicht
- Treffen mit Streitschlichtern

WAS TUE ICH BEI PETZENDEN SCHÜLER*INNEN?

Das Problem – Schüler*innen, die als selbst ernannte Hilfssheriffs der Lehrkraft unaufgefordert über vermeintliche Taten der anderen Schüler*innen erzählen.

Mögliche Ursachen – Mangelndes Konfliktlöseverhalten; geht die Lehrkraft den Petzer*innen nach, wird Verhaltensstrategie verstärkt und weiter angewendet; Schüler*innen zeigen Lehrer damit, wie brav sie sind; evtl. in der Klasse Klima der Machtautorität, Schüler*innen bekommt Gefühl vermittelt, wenig wert zu sein, wollen durch Petzen Anerkennung; Kompensation von Versagensängsten; andere anzuschwärzen ist einfacher, als sich selbst zu beobachten und zu reglementieren; Schüler*in will gehört werden; Hilflosigkeit

WAS KÖNNEN LEHRER*INNEN TUN?

- Lehrkräfte müssen austesten, wie sie eigene Autorität definieren und wie sie in der Klasse mit Konflikten umgehen
- Einführung gemeinsamer Klassenregeln
- Einrichtung eines **Klassenrats**/*Magic Circle* (siehe S. 12), der regelmäßig tagt, um solche Problemfälle zu thematisieren
- Schüler*innensprechstunde anbieten

» Mögliche Reaktion auf ständiges Petzen: „Ich bin mir sicher, dass du und ... es alleine lösen könnt!", „Ich verstehe, wie du dich fühlst. Was könntest du denn jetzt tun?"; Alternativen suchen lassen

» Bedürfnisse abklären: „Möchtest du, dass ich schimpfe?"

» Konfliktparteien in eine Ecke setzen und ihnen die Möglichkeit geben, sich alleine auseinanderzusetzen; Ausweg im Anschluss erzählen lassen

» Petzanlässe schriftlich formulieren lassen (siehe **Pausenprobleme**, S. 90) und an Pinnwand im Klassenzimmer heften; evtl. Besprechung im Klassenrat

» Thematisieren des Petzens anhand von Fallbeispielen; Nachstellen der Konfliktsituation in szenischen Darstellungen oder in *sprechenden Standbildern*, dabei Dialoge als auch die Gedanken laut formulieren und gemeinsam Lösungsstrategien erarbeiten

» Schüler*innen sollen sich gegenseitig Wortgeschenke machen/positive Dinge ansprechen

» Durch Rollenspiele und Gespräche den Schüler*innen den Unterschied zwischen der wichtigen Meldung von Mobbingfällen oder beobachteten Straftaten und Petzen klar machen

» Thema „Petzen" in der Klasse besprechen, nach Lösungsstrategien in Konfliktfällen suchen

» Konfliktlösestrategien schrittweise einschulen und anwenden, z. B. Friedenstreppe: Klasse sitzt im Halbkreis um eine aufgezeichnete oder aufgebaute Treppe; anhand Konfliktfall werden mögliche Konfliktlösungen erarbeitet; Streitende beginnen auf der ersten Stufe und stehen sich gegenüber; am Schluss auf der letzten Stufe, der Streit ist beendet; nur dann, wenn es zwei Gewinner gibt, jeder mit dem Konfliktausgang zufrieden ist; Anwendung der OMA-Regel: **O** Ohren: Wir hören gut zu. **M** Mund: Wir sprechen mit einer freundlichen Sprache, Kraftausdrücke sind verboten. **A** Augen: Wir sehen uns an.[37]

1. Stufe: Jeder darf erzählen.
2. Stufe: Wiederholen, was man jeweils gehört und verstanden hat
3. Stufe: Lösungen sammeln; auch Ideen des Plenums aufgreifen, auf Lösung einigen
4. Stufe: Sich vertragen

37 Zwenger-Balink, Brigitte (2014): Komm, wir finden eine Lösung, Training zur Gewaltprävention in den Schulklassen 1 bis 6. München: Ernst Reinhard Verlag.

- Bei verbalen Konflikten das eingeschulte Vier-Ohren-Modell anwenden: Sachliche Info? Apell? Beziehung? Selbstaussage?

WAS TUE ICH BEI RAUFENDEN SCHÜLER*INNEN?

Das Problem – Bei Konflikten wird gehauen, gebissen, gekratzt, getreten; tätliche Streitereien in der Pause, zwischen den Unterrichtsstunden; häufig wird sehr aggressiv vorgegangen; Auseinandersetzungen, die mit physischer Gewalt gelöst werden, teilweise ohne Grenzen, es wird auch dann nachgetreten, wenn der Gegner am Boden liegt

Mögliche Ursachen – Mangelnde verbale Konfliktlösefähigkeit? Fehlende Selbst- und Fremdwahrnehmung?; Gefühle werden kaum gespürt, aggressive Antriebe überrollen Schüler*innen; sie kennen keine Grenzen; kontrollierte Auseinandersetzung haben sie nicht gelernt oder verlernt; häufig bereits in der Rolle des Schlägers, soziale Verstärkung dieser Konfliktlösestrategien, bleiben dieser Rolle treu; Etikettierungsprozesse beeinflussen auch die Lehrkraft: stecken raufende Schüler*innen in eine Schublade; Schüler*innen häufig schulbekannt; Modelllernen in Filmen, Videos, Computerspielen: Helden, die sich gewalttätig durchsetzen, Nachahmungsverhalten; Erziehungsverhalten der Eltern: „Wenn dich einer anlangt oder dumm anredet, dann hau gleich zurück und lass dir bloß nichts gefallen!"; Manche Kinder haben sehr großen Bewegungsdrang, um sich körperlich wohlzufühlen – überschüssige Energie muss abgebaut werden, platzen z. B. in Konfliktsituation heraus

WAS KÖNNEN LEHRER*INNEN TUN?

- In akuter Rauferei mit eindeutiger Aufforderung eingreifen, um Verletzungen zu vermeiden, falls das nichts hilft, körperlich auseinanderbringen
- Schüler*innen sollen sich beruhigen, Luft holen, zur Ruhe kommen
- Moderiertes Gespräch nur im abgekühlten Zustand über eigenes und fremdes Empfinden, dem Hergang des Kampfes, den aktuellen Wünschen und den Konsequenzen für die Zukunft
- Entschuldigung bzw. Wiedergutmachung Abschluss des Gesprächs
- Bei chronisch raufenden Schüler*innen detaillierte psychologische Diagnostik, intensive Elterngespräche, Verträge zwischen Eltern-Kind-Lehrer, therapeutische Hilfen oder ganztägige, heilpädagogische Unterbringungen

- Schüler*innen müssen lernen, Konflikte gewaltfrei auszutragen, indem sie lernen, zuzuhören, ihre Gefühle wahrzunehmen, sich in einen anderen einfühlen zu können (Empathie) und mit ihren Emotionen *angepasst*, sozial verträglich umzugehen
- Interne **Stoppsignale** für aufkommende Emotionen vermitteln (s. S. 49): „Ich atme durch!", „Ich zähle bis fünf!", „Ich überlege!", „Ich stecke meine Hände in die Hosentasche!"
- Soziale Strukturen einer Klasse betrachten, evtl. Soziogramm einsetzen: Welche Stellung haben die raufenden Schüler*innen? Warum müssen sie raufen?
- Falls raufende Schüler*innen Außenseiter sind, die nach Anerkennung suchen, Integration in die Klasse
- Längerfristig angelegte soziale Trainings in der Klasse: „Ich im Team"; „Wir sind ein Team!", „Wir lösen Konflikte gewaltfrei"; externe Beratungsfachkräfte wie Therapeut*innen der Erziehungsberatungsstellen, Schulpsycholog*innen, Sozialpädagog*innen können Trainingsmaßnahmen in Kooperation mit der Lehrkraft durchführen

Prävention

- Bewegungs- und Aktivitätsdrang entgegenkommen durch rhythmisierte Unterrichtsmethoden, selbstständige Arbeitsweisen, wie z. B. offener Unterricht, Wochenplanunterricht, Projektarbeit) und aktive Pausen (**Bewegungs- oder Kooperationsspiele**, siehe auch S. 36)
- Positive soziale Beziehungen zu Mitschüler*innen aufbauen über Kooperations- und Kommunikationsspiele

WAS TUE ICH BEI RECHENSCHWACHEN SCHÜLER*INNEN?

Das Problem – Dyskalkulie, wenn über einen längeren Zeitraum allgemeine Schwierigkeiten beim Erlernen mathematischer Zusammenhänge auftreten mit normaler Intelligenz; herkömmliche Formen des Übens zeigen bei ihnen nur wenig oder keinen Erfolg; als Folge oft mit ablehnender Haltung gegenüber dem Fach verbunden.

WIE ÄUßERT SICH EINE RECHENSCHWÄCHE?

- Primärsymptome: sensorische Wahrnehmungsstörungen, Körper- und Raumorientierungsstörungen (links-rechts) führt zu falschem Schreiben und Lesen von Zahlen und der Verwechslung von Zeit-, Maßen- und Längeneinheiten; häufig kein Verständnis des dekadischen Positionssystems; Probleme in der Zahlbegriffsbildung; verwechselt die Operationssymbole; versteht grundlegenden Zusammenhang der Operationen nicht; Komplexere Aufgaben oder Kopfrechnen kann ein Kind mit diesen Symptomen kaum bewältigen; auffallend ist das verfestigte zählende Rechnen; Zahlzerlegungen der Zahlen bis zehn sind nicht memorisiert, nur geringes Repertoire an auswendig gewussten Aufgaben; Intermodalitätsprobleme (Probleme beim Wechsel der drei Darstellungsebenen enaktiv-ikonisch-symbolisch)
- Sekundärsymptome: z. B. Störungen im Bewegungsablauf, Gleichgewichtsmangel, Augen-Hand-Koordinationsstörungen, Störung der Schreib- oder Sprachmotorik; Verstärkung durch typische Persönlichkeitsmerkmale des Kindes, wie z. B. Ängstlichkeit, Konzentrationsschwäche, Aggressivität, Clownerie oder psychosomatische Störungen

WAS KÖNNEN LEHRER*INNEN TUN?

- Diagnostik durch Beratungslehrer*innen und Schulpsycholog*innen (z. B. Heidelberger Rechentest[38]; informelle Verfahren wie Fehleranalysen[39], gezielte Beobachtung, diagnostische Gespräche, halbinformelle Verfahren wie das ElementarMathematische BasisInterview,[40] geben Hinweise auf Denkwege der Schülerin/des Schülers und decken mögliche Fehlerursachen auf (z. B. einseitiges Zahlbegriffsverständnis, und/oder mangelndes Operationsverständnis und/oder fehlende Rechenstrategien)
- Auf folgende Fehler bei den Schüler*innen achten: Zählfehler (Mitzählen der Anfangszahl), Verwechslung von Rechenzeichen; Stellenwertfehler; Inversionsfehler ($17 - 4 = 31$); Klappfehler/Richtungsfehler ($23 - 9 = 12$); falsche Strategie; Übertragung der Zerlegungsstrategie der Addition auf Multiplikation
- Mögliche Fragen für ein diagnostisches Gespräch mit dem Schüler/der Schülerin: Wie hast du das gerechnet? Könntest du das auch anders rechnen? Rechne die

38 Haffner J./Baro, Karin/Parzer, P./Resch, Franz, Herausgeber: Hasselhorn, Marcus/Marx, Harald/Schneider, Wolfgang (2005): Heidelberger Rechentest Erfassung mathematischer Basiskompetenzen im Grundschulalter. Hogrefe Verlag.

39 Kaufmann, Sabine/Wessolowski, Silvia (2006): Rechenstörungen: Diagnose und Förderbausteine. Seelze: Kallmeyer-Verlag.

40 Peter-Koop, Andrea/Wollring, Bernd/Spindeler, Brigitte/Grüßing, Meike (2007): ElementarMathematisches BasisInterview (EMBI) Zahlen und Operationen. Offenburg: Mildenberger Verlag.

nächste Aufgabe sofort laut, damit ich mithören kann. Du darfst auch Material benutzen, wenn du das möchtest. Erkläre dabei, was du machst und warum du es tust.

- Mathematische Grundlagen anhand verständlicher, einfach strukturierter und weniger Materialien begreifbar machen auf der Basis des Zahlenraums, indem sich das rechenschwache Kind bewegen kann; Mengenvorstellung darauf aufbauend erweitern
- Vom reinen Zählen zum Rechnen kommen, um weiteren Zahlenraum zu erschließen (u. a. Kraft der 5, der 10, Tausch- und Nachbaraufgaben)
- Unterschied Ziffer – Zahl verständlich machen
- Schritt-für-Schritt-Listen für mehrschrittige Rechenverfahren anbieten
- Arbeitsgedächtnis entlasten durch Notation der Zwischenlösungen
- Größenvorstellung mit Realitätsbezug (z. B. ein Liter – eine Packung Milch)
- Übungen am PC mit Lernsoftware, um Motivation zu erhöhen

Übersicht über mögliche Förderungen bei verschiedenen Schwierigkeiten

Erkennbare Schwierigkeit	**Mögliche Förderung**	**Mögliches Übungsmaterial**
Fehlende Mengenvorstellung im Zahlenraum bis 20	Schätzübungen	Legematerial, Gläser mit Steinen
	Übungen zur Simultanerfassung	Würfel
	Abdeckübungen	Rechenschiffchen

Förderplan für ______________________________

Förderbereich: **Fehlende Mengenvorstellung im Zahlenraum bis 20**

Zeitraum von ______________ bis ______________

Schwerpunkt: Förderung durch Schätzübungen

Eingesetztes Material: Legematerial, Gläser, mit Steinen, Buch S. __________

Meilenstein erreicht: ______________________________

Anmerkungen durch Lehrkraft: ______________________________

WAS TUE ICH BEI RESPEKTLOSEN SCHÜLER*INNEN?

Das Problem: Schüler*innen, die keine Autoritäten anerkennen, mit unverschämten Aussagen provozieren und beleidigen; Lehrer*innen bewusst ignorieren, damit die Position von Autoritäten schmälern und sie in ihrem Selbstwert treffen; im Extremfall Lehrer*innen sogar bedrohen oder schlagen

WARUM VERHÄLT SICH EIN*E SCHÜLER*IN RESPEKTLOS?

- Eigene Minderwertigkeitsgefühle durch die Erniedrigung des anderen kompensieren und so den eigenen Selbstwert scheinbar erhöhen
- Modelllernen im Elternhaus: Mutter wurde respektlos behandelt; Kind mit körperlicher Gewalt erzogen
- Schwierige häusliche Verhältnisse und wenig Geborgenheit können zu Dauerabwehrhaltung („Alle Erwachsenen sind doof!") und Ablehnung von Autoritäten führen
- Zu wenige Grenzen im Elternhaus oder in der Schule erfahren; nicht gelernt, zwischen akzeptablem und nicht akzeptablem Verhalten zu unterscheiden
- Verhalten der Autoritätsperson wird als ungerecht und von Stimmungen abhängig empfunden
- Haben Lehrer*innen die kindlichen Gefühle verletzt?
- Sind Lehrer*innen nicht konsequent genug?
- Modelllernen durch Peer Group, also Nachahmung erfolgreichen Verhaltens

WAS KÖNNEN LEHRER*INNEN TUN?

- Wenn möglich, erstaunt reagieren, um Schüler*innen spüren zu lassen, dass man sie auch in dieser Situation ernst nimmt; dennoch rückmelden, dass dieses Verhalten unangemessen ist, damit andere nicht zum Nachahmen animiert werden; auch über vereinbarte Geste zurückmelden, ohne zu große Aufmerksamkeit zu erregen
- Klären, welchen Personen gegenüber sich die/der Schüler*in respektlos verhält
- Eruieren, ob die/der Schüler*in unter Minderwertigkeitsgefühlen leidet oder stark aggressiv ist und warum (Beratungsfachkraft)
- Im Unterricht das Problem in einer szenischen Darstellung nachstellen und gemeinsam nach Lösungen suchen

- Freundliche sprachliche Phrasen einüben
- Vorbildliches respektvolles Verhalten von Schüler*innen auf eine Herzkarte notieren und auf eine Info Wand im Klassenzimmer hängen
- Reflexion des Lehrerverhaltens: Verhalte ich mich respektvoll? Sind das Verhalten und meine Sprache reversibel?
- Empathieaufbau: Gefühle wahrnehmen, sich in die andere hineinversetzen
- Nicht nach Gründen und Erklärungen fragen, sondern Schüler*innen über ihr Erleben der Konfliktsituation reden lassen
- Verhalten reflektieren lassen und schriftlich fixieren: Wie kam es dazu? Warum? Wie geht es dem anderen jetzt? – Betroffene*r liest sich die Antworten durch und sagt, wie es wirklich für ihn war
- Perspektivenübernahme schulen (z. B. in Form von Rollenspielen mit anschließender Reflexion)
- Lehrer*innen achten bewusst bei respektlosen Verhalten auf eigene Gefühle – innere Selbstgespräche: Was denke ich in einer respektlosen Situation? Welche Gefühle habe ich? Sind diese sehr stark negativ? Bin ich durch negative Vorerfahrungen schon negativ eingestimmt, bevor etwas passiert?
- Versuchen, gelassener zu werden durch Herunterfahren der eigenen negativen Gefühle: „Das ist jetzt schwierig für mich, aber ...“ oder „Das ärgert mich jetzt wirklich sehr, aber ...“
- Treffen gemeinsamer fester Vereinbarungen
- Liegt Ursache in der Familie mitbegründet – eventuell Erziehungsberatung oder Kurzzeittherapie für die Eltern

WAS TUE ICH BEI SCHÜLER*INNEN, DEREN ELTERN SICH GETRENNT HABEN?

Das Problem – Fast jede dritte Ehe wird in Deutschland geschieden, aber zusätzlich kommt es zu Trennung nicht verheirateter Eltern; viele leben in einer Phase der möglichen Trennung; je nach Persönlichkeitsstruktur, Alter, Geschwisterkonstellation, dem Geschlecht, bereits erworbenen individuellen Bewältigungs- oder Coping-Strategien und aktuell existierender Unterstützungsfähigkeit der Eltern verarbeiten die Kinder die belastende Situation anders und zeigen andere Symptome; oft glauben Kinder, für den Streit und die Trennung verantwortlich zu sein

Mögliche Symptome – Manche bringen ihre Ressourcen deutlich als vorher hervor, manche verlieren diese und sind nicht mehr leistungsfähig; manche zeigen regressive oder depressive Verhaltensweisen; sind müde, z. T. Generalisierung des Verlusts eines Elternteils und aggressive, ängstliche Reaktion in sozialen Situationen; haben Kontaktschwierigkeiten, manche brechen Kontakt zu Freund*innen ab, ziehen sich sozial zurück, werden zu Außenseiter*innen, können sich nicht konzentrieren, suchen körperliche Nähe zu Gleichaltrigen oder der Lehrkraft; Schuldgefühle, geringes Selbstwertgefühl und Selbstvertrauen; Versagen in vielen Bereichen; z. T. Spätfolgen (z. B. dissoziales Verhalten, Selbstwertprobleme, berufliche und private Schwierigkeiten)

WAS KÖNNEN LEHRER*INNEN TUN?

WICHTIG Manche Kinder akzeptieren keine Hilfe; nur Angebote machen; nur das, was die Kinder annehmen können, hilft

- Gesprächsangebote: Zeit nehmen; ruhiger Rahmen, abwartende Gesprächshaltung; möglichst offene, weiterführende Fragen über familiäre Situation und emotionale Belastung des Kindes stellen, die dem Kind das Erzählen erleichtern, dabei auf Mimik und Gestik des Kindes achten; gemeinsam nach kindlichen Copingstrategien und Verhaltensweisen suchen; für das Kind da sein; bei starker emotionaler Belastung des Kindes das Gespräch mit den Eltern suchen
- Stabilisierung und Förderung der sozialen Beziehungen des Kindes; **Bedeutung verlässlicher Beziehungen in Krisen** (siehe S. 59); **Kooperationsspiele** (siehe S. 36); Kind als Teil einer Gruppe, auf die man sich verlassen kann
- **Stärkung des Selbstbewusstseins** (siehe auch S. 20 u. 104), z. B. über Partnermassagen; sich blind gegenseitig fühlen; Spiele, z. B. „Museum" (Schüler*innen stehen im Kreis, spielen Statue und werden betrachtet); „Wir kleben zusammen" (Kontakt an verschiedenen Körperteilen); „Gefühlsdusche"; „Wortgeschenke" (Schüler*innen schreiben über andere Schüler*innen, was sie an ihnen mögen, schätzen oder gut finden und schenken es ihnen)
- Themen „Verlassensein", „Alleinsein", „verantwortlich sein", „Schuld von sich weisen" oder „Schuldgefühle" im Klassenverband besprechen, u. a. über Märchen, Rollenspiele; Kinderbücher (z. B. Barbara Dietrich: Ich brauche euch doch beide, Guus Kuijer: Wir alle für immer zusammen)

- Erarbeitung von Bewältigungsstrategien zu Lebenskrisen mit der Klasse: Wie verhalte ich mich, wenn ...?, Wie geht es mir, wenn...?, Welche Gefühle löst das in mir aus?
- Entspannungsübungen, um ruhig zu werden und loslassen zu können; nur positive Entspannungsgeschichten lesen, um die seelische Belastung der Kinder nicht zu strapazieren
- Gefühle wie Wut, Scham bei sich wahrnehmen und Möglichkeiten sammeln, damit umzugehen
- Thema „Familien können sehr unterschiedlich sein"; Familienbilder gestalten, darüber sprechen
- Fantasiereisen, die Sicherheit bieten und Selbstwahrnehmung sowie -erfahrung der Kinder fördern; keine zusätzlich belastenden Inhalte, sondern Inhalte, die den Kindern Mut machen, ihr Selbstvertrauen stärken und sie wieder stark machen
- Empathieübungen mit den Schüler*innen: Rollenkarten mit Lebenssituationen und dazu einfühlenden Fragen zum Nachdenken bieten, damit die betroffenen Schüler*innen die Empathie der anderen erleben und sich gestützt fühlen

WAS TUE ICH, WENN SCHÜLER*INNEN SCHÜCHTERN SIND?

Das Problem – Gehemmte, zurückhaltende, verschlossene Schüler*innen; haben Kontaktschwierigkeiten; Angst vor anderen im Unterschied zu introvertierten Einzelgängern; stehen in der Pause oft abseits, werden in Sportgruppen nicht aufgenommen, arbeiten häufig nicht mit; mangelnde Sozialkontakte vergrößern das Problem; Teufelskreis

Korrelierende Probleme – Mangelnde Mitarbeit, gestörtes Selbstbewusstsein, ängstliche Schüler*innen, schlechtes Klassenklima; bei Gruppenspielen in Unterricht und im Sport werden sie häufig nicht aufgenommen; in der Pause stehen sie abseits; unangenehm sind für diese Kinder auch Klassenfahrten und Ausflüge

MÖGLICHE URSACHEN

- Im Kind: Schüchterne Persönlichkeitsstruktur?
- Im Elternhaus: Wenig soziale Erfahrungen als Einzelkind? Grundbedürfnis nach Anerkennung und Aufmerksamkeit zu wenig erfüllt? Eltern überängstlich und zu behütend?

- In der Schule: Schüler*in überfordert? Zu wenige Erfolgserlebnisse? Mitschüler*innen hänseln wegen Kontaktprobleme und dadurch Verstärkung der Problematik?

WAS KÖNNEN LEHRER*INNEN TUN?

- Genaue Beobachtung: Ist das Kind überfordert? Welches Selbstbild hat es von sich („Ich bin dumm!")? In welchen Situationen ist das Kind gehemmt? Wie wird es von den anderen akzeptiert? usw.
- Konkrete Konfliktsituationen in Standbildern nachstellen, in Rollenspielen aufarbeiten: Welche Gefühle haben den Konflikt ausgelöst?
- Stärkung des Selbstwertgefühls der Schüler*innen, u. a. für positive Verhaltensweisen vor der Klasse ermutigen und loben; die Kinder als Persönlichkeiten akzeptieren; Vertrauen zeigen, z. B. durch Übertragen von wichtigen, verantwortungsvollen Aufgaben
- Häufig Arbeit in Kleingruppen anbieten, damit gehemmte Schüler*innen im kleinen Kreis langsam ihre Scheu abbauen lernen; in verschiedene Rollen schlüpfen lassen – unterstützt durch verschiedene Handpuppen
- Mittels aktivierender Methoden wie Blitzlicht oder Brainstorming Gelegenheiten bieten, sich auch vor einer größeren Gruppe einzubringen
- Körperliche Zuwendung geben: Blickkontakt, Lächeln, Nicken; sich Zeit nehmen zum Zuhören; zeigen, dass man das Kind mag
- Verständnis für Problem signalisieren; eigene Schwächen zugeben und artikulieren
- Spiele, die helfen, dass Kinder das Positive an sich selbst und an anderen wahrnehmen (z. B. Pantomime: Das mache ich gerne; Ratespiel: Wer bin ich? (Merkmale/Eigenschaften/Interessen aufschreiben); Porträts als Schattenrisse in Kleingruppen anfertigen, in Partnerinterviews Stichworte zur Person herausfinden und zum Schattenriss ergänzen)
- Ort malen, an dem sich das Kind wohl fühlt
- *Secret Helpers*: die Namen der Schüler*innen auf jeweils einen Zettel schreiben, mischen und jeden einen Namen ziehen lassen. Ohne, dass der andere es weiß, soll der *Secret Helper* dem Kind für einen bestimmten Zeitraum, z. B. auf Klassenreise oder für eine Woche, etwas Gutes tun

- Beschwerde- und Kummerkiste
- Wunschwürfel (je nach Anzahl der Punkte Wünsche an andere: „Ich wünsche mir von …, dass …")
- „Ich trau mich nicht!" – Schüler*innen schreiben Situationen, vor denen sie Angst haben, auf Karten und geben diese in einen Karton, andere Schüler*innen ziehen eine Karte und überlegen sich Lösungsvorschläge/Bewältigungsstrategien
- Möglichkeiten zur Kontaktaufnahme zu Mitschüler*innen anbieten: u.a. Begegnungsecken im Schulhaus einrichten

WAS TUE ICH BEI SELBSTWERTGESTÖRTEN SCHÜLER*INNEN?

Das Problem – Ich-Schwäche; Minderwertigkeitsgefühle; Selbstwertgefühl als die gefühlsmäßige Reaktion auf Urteile, die jede Person immer wieder über sich selbst fällt; dabei spielen das Selbstbild (wie man sich selbst sieht) und die Selbsteinschätzung (wie man über sich selbst denkt) eine Rolle; Urteile werden gefällt über verschiedene Bereiche, z.B. äußere Erscheinung, Talent, Anpassungsfähigkeit, Wesens- und Charakterzüge, besondere Fähigkeiten und Fertigkeiten, Ansehen und Stellung in Gruppen; diese Urteile entstehen aufgrund des Zusammenspiels zwischen der eigenen inneren Entwicklung einer Person (Selbstbild) und äußeren Faktoren, also anderen Menschen (Fremdbild); bei Störungen schreiben Kinder ihrer eigenen Person mindere Werte zu; fällen ein schlechtes Urteil über ihre Person und denken schlecht über sich selbst; damit einhergehend u.a. sozialer Rückzug; sind ängstlich und trauen sich nichts zu, passen sich lieber an; erwarten Misserfolge, weil sie diese gewohnt sind; trauen sich kaum ihre Gefühle auszudrücken; sind häufig schlecht gelaunt und traurig; attribuieren Misserfolge internal auf mangelnde Begabung; lassen positive Fremdeinschätzungen oftmals gar nicht zu, wehren diese ab; melden sich nicht, weil sie Angst haben, etwas Falsches zu sagen; sind Mitläufer*innen, die meist gar nicht auffallen; sehen die Welt negativ, kennen ihre eigenen Stärken nicht; übernehmen ungern Verantwortung, d. h. sie melden sich nicht freiwillig für ein Klassenamt; können mit Stress- und Konfliktsituationen schwer umgehen; haben eine geringe Kommunikationsfähigkeit, d. h. sie reden mit anderen nicht oder gehen auf Gesprächsbeiträge ihrer Mitschüler*innen nicht ein; besitzen ein negatives Selbstkonzept der eigenen Begabung; setzen sich in sozialen Konfliktsituationen nicht durch und geben lieber nach

WAS KÖNNEN LEHRER*INNEN TUN?

- Gefühle ausdrücken in einer positiven Klassenatmosphäre: Gefühle malen, im Rahmen des kreativen Schreibens beschreiben; eigene Stimmungen auf einer Skala (lachendes bis weinendes Gesicht) einstufen; Gefühle in einem Rollenspiel oder einer Skulptur darstellen; Farbtöne wählen, die zur eigenen Gefühlslage passen; Steckbrief der eigenen Gefühle schreiben, z. B. Sätze vervollständigen, wie „Ich fühle mich klein, wenn …", „Ich war überrascht, als …", „Ich war richtig wütend, als …", „Ich fühle mich groß, wenn …", „Am Strand fühle ich mich …", „Mir macht Angst, wenn …"; Wortschatz vermitteln, um Gefühle und Bedürfnisse ausdrücken zu lernen

- Zu eigenem Handeln ermutigen (z. B. Übernahme von Klassendiensten), um anschließend positiv zu verstärken; Erfolgserlebnisse vor der Gruppe herbeiführen; Ausstellung im Klassenzimmer mit Hobbys und Interessengebieten; spielerisch an **Selbstbewusstsein** (siehe S. 20) und Körperhaltung arbeiten (aufrechter Gang)

- Mein Wappen: Was bin ich? Was kann ich? Was zeichnet mich aus? Wappenvordruck mit vier Feldern nutzen: Feld 1 – schönes Ereignis aus dem eigenen Leben, Feld 2 – etwas, das die/der Schüler*in gerne alleine macht, Feld 3 – etwas, das die/der Schüler*in gern mit anderen gemeinsam unternimmt, Feld 4 – etwas, das die/der Schüler*in gut kann; Wappen künstlerisch gestalten (ausmalen, umranden, verzieren), miteinander vergleichen; Ausgangspunkt für ein Gruppengespräch, bei dem jede*r Schüler*in ihr/sein Wappen den anderen vorstellt und die anderen Rückmeldungen geben können

- Der Brief an mich: Auf schönem Briefpapier einen Brief an sich selbst schreiben, was man an sich gut findet, die geschriebenen Briefe in einen Umschlag stecken, adressieren und frankieren, nach einigen Wochen schickt Lehrer*in Briefe los; Lehrer*in kann selbstwertverstärkende Lobesbriefe zu Weihnachten, zum Geburtstag, zu Ostern, zu den großen Ferien oder einfach dann, wenn ein*e Schüler*in eine herausragende Tätigkeit (Leistung oder soziales Verhalten) zeigt, als *rosa Brief* schreiben und so deutlich zum Ausdruck bringen, wie sehr er von der/dem Schüler*in beeindruckt ist

- Wortgeschenk: Jedes Kind bekommt abwechselnd schriftlich von anderen fixierte positive Eigenschaften; Komplimente an die/den Banknachbar*in in Briefform: Was ist ein Kompliment? Wie beginnt ein Brief?

- Wiege: Zwei Schüler*innen schaukeln einen in einer Decke liegenden Schüler vorsichtig hin und her. Gerade selbstwertgestörte Kinder können so erleben, dass auch sie getragen und behütet werden.

WAS TUE ICH BEI SPRACHPROBLEMEN?

Das Problem – Sprachentwicklungsstörungen durch Beeinträchtigung des normalen Spracherwerbs ab der frühen Kindheit; nicht altersgemäße Sprachentwicklung; abzugrenzen von Redeflussstörungen wie Stottern oder Poltern, die zu den Sprechstörungen zählen; sprachliche Defizite durch Deutsch als zweite Sprache (DaZ/DaF); Gefahr der Fossilisierung; Sprachmischung

WIE ÄUßERN SICH SPRACHLICHE PROBLEME?

Schüler*innen haben Probleme, passende Wörter zu finden, verfügen über einen geringen, nicht altersadäquaten Wortschatz, verwenden falsche, unpassende Wörter, die der gewünschten Bedeutung nicht entsprechen, verwenden immer die gleichen einfachen Sprachmuster, haben in der Schule sowohl im Bereich der Sprachbetrachtung als auch der Rechtschreibung große Probleme; Lautbildung war bereits im Kleinkindalter schwierig; Kinder lassen Laute aus; bilden Laute falsch oder finden ganze Wörter nicht; sprachlichen Kompetenzen liegen weit hinter denen ihrer Gleichaltrigengruppe zurück; können Zusammenhänge nur schwer ausdrücken; viele Arbeitsanweisungen werden von ihnen missverstanden; Sprachinteresse ist gering und sie hassen es häufig, wenn man ihnen etwas vorlesen möchte; ihre kommunikativen Fähigkeiten sind gering und sie versuchen, Sprechsituationen aus dem Weg zu gehen; im Lese- und Rechtschreib-Lernprozess des Erstunterrichts wirken sich die Sprachentwicklungsstörungen gravierend aus; große Probleme, das Lesen und Rechtschreiben zu erlernen; Teufelskreis zwischen defizitären sprachlicher Kompetenz und geringem sprachlichen Anregungsgehalt andererseits

WAS KÖNNEN LEHRER*INNEN TUN?

- Eltern unterstützen, eine fachmännische Diagnose zu organisieren, bei der unter Ausschluss folgende Faktoren ausgeschlossen werden: Hörstörung, Intelligenzminderung, tiefgreifende Entwicklungsstörung, Sprachverlust, Zweisprachigkeit
- Eltern informieren, dass je nach Ursachengeflecht Sprachheilbehandlungen (Logopädie) zur korrekten Lautbildung und Behandlung der seelischen Sekundärstörungen stattfinden sollten
- Erstes Ziel für den Umgang mit betroffenen Kindern im Unterricht: Verbesserung der Kommunikation mit nichtsprachlichen Mitteln; zweites Ziel: Aufbau von Sprachfreude und Sprachverständnis, drittes Ziel: Kompetenzaufbau im Bereich der Artikulation, Verständlichkeit und Grammatik

- Kinder sollen auch in der Schule Spaß bekommen, sich mitzuteilen und mit anderen zu reden; dazu ist angstfreie Umgebung nötig; andere Schüler*innen müssen dafür sensibilisiert werden
- Kleine Diagnostik (Screening) und individuelle Förderung durch Lehrer*in: Fragen beantworten, Gegenstände beschreiben, Nacherzählen von Geschichten, von alltäglichen Erlebnissen berichten, Dialog führen, freie Rede über Erlebnisse, diese Beobachtungen sind wertvolle Hinweise für Eltern und Fachpersonal; mögliche Beobachtungsaspekte: Verwendet das Kind altersgemäßen Wortschatz? Kann es zusammenhängend erzählen und berichten? Beschreibt es in ganzen, zusammenhängenden Sätzen? Versteht es Anweisungen und Aufträge an die eigene Person/an die Gruppe? Zeigt es auffällige Störungen im Wortschatz? In der Grammatik? Richtige Lautbildung beim Nachsprechen von Silben, Wörtern und Sätzen? Kann es die bisher eingeführten Buchstaben benennen? Ist der Redefluss fließend?
- Der Schülerin/dem Schüler korrektives Feedback geben; deutliche, klare Lehrersprache
- Einfache Sprache einsetzen (kürzere Sätze, einfache Satzkonstruktionen; wenig Kommata und Fremdwörter)
- Neue Begriffe multimodal verknüpfen (sprachliche, sensorische, motorische, emotionale Gedächtnisanker)
- Kontextoptimierung; Der Schülerin/dem Schüler klar machen, worum es in der Unterrichtsstunde geht, indem das Rahmenthema (z. B. Kick-off Rahmenthema nach Motsch)[41] visualisiert wird
- Wichtige Wörter der Stunde vorab entlasten, AB mit bebildertem Glossar, Wortnetze anlegen
- Thematische Wortspeicher auf Arbeitsblättern, im Klassenzimmer
- Notwendige Satzstrukturen einschulen

41 Motsch, Hans-Joachim (2010): Kontextoptimierung. Evidenzbasierte Intervention bei grammatischen Störungen in Therapie und Unterricht. München: Ernst Reinhardt Verlag.

WAS TUE ICH BEI GESTRESSTEN SCHÜLER*INNEN?

Das Problem – Schulstress, Leistungsstress, Symptome wie Bauch- und Kopfschmerzen, Schlafschwierigkeiten, Nervosität, Unkonzentriertheit, emotionale Befindlichkeitsstörungen und Appetitlosigkeit.

Mögliche Ursachen – Stressoren: Lebenskrisen (Erkrankungen, Scheidung, Todesfall in der Familie), Geschwisterkonflikte, entwicklungsbedingte Probleme (Schuleintritt/-wechsel, Pubertät), alltägliche Spannungen und Probleme (Leistungssituationen, sozial belastende Krisensituationen, Streit mit Freund*innen, Eltern-Kind-Konflikte, Hausaufgabenprobleme)

WAS KÖNNEN LEHRER*INNEN TUN?

Ziel: Förderung von Stressbewältigungskompetenzen, um stressige Situationen kompetent zu bewältigen; Resilienz aufbauen; als Projekt oder in verschiedene Unterrichtseinheiten, parallel dazu Elternabend zum Thema

- Lehrer*innen als positives Vorbild: auf eigenen Ausgleich sorgen; in Stresssituationen besonnen reagieren
- Schüler*innen ein anschauliches Stressmodell vermitteln, z. B. Stresssituation (Konflikte, Ärger, Leistungsdruck) bei negativer Bewertung (Ich kann es nicht ändern!, Ich weiß nicht, wo ich anfangen soll!) führt zu negativem Stress, dem Distress, macht auf Dauer krank, bei positiver Bewertung (Ich weiß, wie ich den Konflikt lösen kann, Ich habe einen Plan, wie ich mich auf den Test vorbereite!) führt zu positivem Stress, dem Eustress, man bleibt gesund
- Eigene Stressreaktionen wahrnehmen und analysieren, (z. B. erhöhter Herzschlag, hohe Atemfrequenz, Schweiß, erweiterte Pupillen, Kopfweh, Schlafstörungen, Appetitlosigkeit, Schwindel) und mit anderen darüber austauschen
- Stresssituationen erkennen und benennen
- Brainstorming zum Thema „Stress“ in der Gruppenarbeit anfertigen lassen und auf Wortkarten festhalten
- *Indianerschrei* als kurzfristige Stressbewältigungsstrategie: lautloser Indianerschrei soll in akuten Belastungssituationen befreiend wirken
- Körperbild zum Stress: Jede*r Schüler*in bekommt eine Körperumrisszeichnung und soll die Stellen markieren, an denen sie/er Stress empfindet

- Entspannungs- und Ruheübungen einschulen; bewusstes Atmen; Übungen zur Achtsamkeit, u. a. multimodale Wahrnehmung eines Lebensraums wie der Wiese; bildhaftes Vorstellen beruhigender Szenen
- Mit einer Stresswaage erarbeiten auf der einen Seite, wann man Stress haben kann und auf der anderen, was man dagegen tun kann
- Stressbewältigungsstrategien, Stresskiller, Möglichkeiten des Belastungsausgleichs mit der Klasse durch Rollenspiele sammeln und visualisieren: Was ich bei Stress alles tun kann! Was mir alles Spaß macht! Wie kann ich Pausen machen?
- **Stimmungsbarometer** (siehe S. 12) um emotional belastende Situationen im Unterrichtsalltag zu eruieren
- Gefühlskarten, um eigene Gefühle besser wahrnehmen und kompetenter damit umgehen zu können: Ich habe Angst! Ich ärgere mich! Ich bin traurig! Ich freue mich! Ich bin aufgeregt! Ich fühle mich wohl!
- **Selbstinstruktionssätze** (siehe S. 69) für stressige Situationen einüben: Alles halb so schlimm! Ich denke erst mal an was anderes! Ich entspanne mich erst mal! Zuerst einen Plan machen! Ich muss mich erst mal in den Griff bekommen! Ich hole mir Hilfe! Ich mache das, was mir letztes Mal geholfen hat! Ich mache erst mal eine Pause! Ich spiele mit meinem Haustier! Ich male erst mal was! Ich mache eine Entspannungsübung!
- Arbeitsblatt Stresskiller: Stressbewältigungssituationen auf der rein kognitiven Ebene durchspielen: Wann erlebst du Stress? Was genau fühlst du dabei? Was kannst du dann tun? Womit bekommst du den Stress gar nicht in Griff?
- Bewusstes Atmen einüben und immer wieder praktizieren (Bildkarte)

WAS TUE ICH BEI SÜCHTIGEN SCHÜLER*INNEN?

Das Problem – Mit diesem umgangssprachlichen Begriff bezeichnet man in der Medizin die Abhängigkeit nach einem bestimmten Erlebniszustand. Dieser kann von verschiedenen Substanzen oder Verhaltensweisen ausgelöst werden; nicht nur Alkohol, Nikotin, weitere stoffliche Drogen, sondern Abhängigkeit auch von Medikamenten, vom Computer, vom Essen und vom Nicht-Essen, von guten Leistungen, sozialer Anerkennung, Mittelpunktstellung etc.

Mögliche Ursachen – Ausweichen von Problemen; mangelnde oder überzogene Zuwendung, Suche nach Ersatz; Einfluss von Eltern, Umwelt und die Gruppe der Gleichaltrigen

WAS KÖNNEN LEHRER*INNEN TUN?

Prävention

- **Schutzfaktoren** gegen Sucht gezielt bei den Schülern aufbauen, wie gute Kommunikation mit dem Umfeld, gutes Selbstvertrauen und Selbstwertgefühl, Lebenskompetenz, Nein sagen dürfen: Kleinigkeiten des Lebens als positiv schätzen
- Risikofaktoren möglichst minimieren; positives Klassenklima (siehe S. 53)
- Schüler*innen immer wieder das Gefühl geben, dass sie als Personen akzeptiert und angenommen werden, auch wenn sie einmal keine guten Leistungen bringen oder nicht brav sind
- Schüler*innen müssen lernen, Misserfolge zu ertragen und zu überwinden; Enttäuschungen auszuhalten, hohe Frustrationstoleranz aufbauen, um durch Rückschläge nicht entmutigt zu werden
- Schüler*innen Gelegenheiten verschaffen, etwas alleine zu schaffen, eigene Kräfte und die körperlichen wie geistigen Grenzen selbst zu entdecken; Schüler*innen etwas zutrauen; nicht ständig einmischen und Tipps geben
- Vorschriften gemeinsam erarbeiten, damit Schüler*innen lernen, Verantwortung zu übernehmen und ernst genommen zu werden
- Gezielte Prävention im Rahmen von Projektwochen (z. B. Theaterstücke, Themen wie „Mit mir nicht", „Ich sage nein!", „Ich bin froh, dass es mich gibt!" etc.) angehen, können auch von Polizei oder Beratungsstellen durchgeführt werden
- Kleinste Anzeichen ernst nehmen; schleichenden Beginn einer Sucht durch genaue Beobachtung, offene Gespräche mit der/dem Schüler*in und eine intensive Zusammenarbeit mit den Eltern Einhalt zu gebieten
- Zusammen mit den Eltern Ursachen erforschen, gemeinsame Vorgehensweise abklären und Ansprechpartner*innen nennen
- Teilweise Zusammenarbeit mit der Erziehungsberatung wichtig, um beispielsweise ein Elterntraining zu organisieren

» Thema „Sucht“ im Unterricht: „Keine Macht den Drogen“, aus dieser Aktion z. B. den Suchtsack einsetzen: u. a. gefüllt mit leerer Zigarettenschachtel, leere Tablettenschachtel, Barbiepuppe, Klebstoff, Coladose, Kaffee, Energy Drink, Terminkalender (Arbeitssucht), Handy/Smartphone, Computermaus; fließende Grenzen zwischen Genuss und Sucht, Ausweichverhalten und Lösungsstrategien

BEISPIEL FÜR EINEN TEST ZUR COMPUTERSUCHT – KREUZE AN!

Das Ausschalten des Computers/Smartphones fällt mir schwer. Mit meiner Familie gibt es deshalb immer wieder Diskussionen und Streit.	Ja ☐	Nein ☐
Auch wenn ich nicht am Computer sitze, denke ich sehr oft an meine Online-Aktivitäten.	Ja ☐	Nein ☐
Außer Computerspielen/Surfen habe ich kaum/gar keine anderen Freizeitaktivitäten.	Ja ☐	Nein ☐
Soziale Kontakte habe ich mittlerweile fast ausschließlich online.	Ja ☐	Nein ☐
Wenn ich nicht so viel Zeit am Computer/im Internet verbringen kann, wie ich möchte, dann bin ich häufig frustriert/lustlos/aggressiv oder unruhig.	Ja ☐	Nein ☐
Ich verbringe täglich mehr als fünf Stunden meiner Freizeit mit Computerspielen/Surfen.		
Ich benutze Ausreden, um ungestört am Computer zu spielen/ zu surfen.	Ja ☐	Nein ☐
Schule vernachlässige ich schon mal, um stattdessen lieber am Computer zu sitzen.	Ja ☐	Nein ☐

» WAS TUE ICH BEI TAGTRÄUMENDEN SCHÜLER*INNEN?

Das Problem – Tagträumer scheinen in einer anderen Welt zu leben

Anzeichen – Schüler*innen schauen aus dem Fenster; sind mit ihren Gedanken in einer anderen Welt; scheinen unbeteiligt, folgen dem aktuellen Geschehen nicht; scheinen nicht zuzuhören; *bearbeiten* ein Arbeitsblatt und vermitteln dabei den Eindruck, dass sie die Aufgaben mit links machen, sind dabei aber eigentlich mit ihren Gedanken woanders; wirken, als ob sie durch ihre Gesprächspartner*innen bzw. die Lehrer*innen hindurchschauen; reden zwar mit, können das Gesprochene auch wiederholen, sind aber dennoch innerlich nicht wirklich betroffen von dem, was gerade diskutiert wird; beim Aufrufen erschrecken sie teilweise und die Lehrkraft hat den Eindruck, sie aus einer anderen Welt zurückzuholen

Mögliche Ursachen – Flucht vor – eventuell nicht oder nur schwer zu ertragenden – Alltagswelt, z. B. aus der Unterrichtsstunde, in eine Welt, in der keine Ansprüche (z. B. Mathematikübungsblatt) gestellt werden, in der einfach alles von alleine geht und jeder, so wie er ist, viel wert ist; mögliche aktuelle oder länger andauernde familiäre Krisensituationen; Begabungsdefizite, Wissenslücken, Überforderung; Probleme mit Mitschüler*innen oder Freund*innen; Interessensmangel; körperliche Schwächen (wie z. B. eine belastende Krankheit oder Behinderung; keine anderen Bewältigungsstrategien oder Ressourcen

Kurzgefasst – Schüler*innen fühlen sich hilflos und zeigen dies (unbewusst), indem sie unsere Welt gedanklich verlassen; kurzfristiger Ausstieg hilft, sich anschließend wieder besser zu konzentrieren; keine Intervention nötig, wenn nicht zu häufig und ohne negativen Einfluss auf Arbeitsfähigkeit; falls aber Tagträumer **bewusst** damit Aufmerksamkeit bekommen möchte, wartet er auf Reaktion der anderen

WAS KÖNNEN LEHRER*INNEN TUN?

» Intervention, wenn Schüler*innen tagträumen, weil sie leiden, oder bewusst provozieren

» Gespräch mit dem Kind; Verhalten rückmelden: Mir ist Folgendes aufgefallen und ich mache mir Sorgen und möchte wissen, was los ist. Welche Gedanken gehen dir dann durch den Kopf? Welche Bilder entstehen vor deinem inneren Auge? Was kannst du hören, spüren und fühlen? Was ist in dieser Welt anders als in unserer?

» Gesprächsergebnisse den Eltern mitteilen, falls der Eindruck entsteht, sie seien wichtig für die Eltern, ihnen Beobachtungen schildern und vom Gespräch mit dem Kind erzählen; haben Eltern ähnliche Verhaltensweisen bei ihrem Kind entdeckt?

» Schüler*in eine *Signalkarte* (z. B. Traumblase) hinlegen, während der Tagträumerphase, um aufzufordern, dass sie/er wieder mit seinen Gedanken zurückkommen soll, ohne Bloßstellung

- Stehen keine tiefgreifenden Probleme hinter Tagträumen, ist Belohnungssystem möglich: Tage oder Stunden ohne Tagträume belohnen; bei drei Verstärken darf sich die/der Schüler*in z. B. ein Bewegungsspiel oder eine Fantasiereise wünschen
- Einführung von Fremd- und Selbstbeobachtungsbögen: Lehrer*in führt Protokoll über die Anzahl und Intensität der Tagträume und bespricht sie mit der/dem Schüler*in; Schüler*in führt anschließend an einem anderen Tag selbst ein Protokoll, wann sie/er wie lange geträumt hat; an einem weiteren Tag führen beide dieses Protokoll und vergleichen; Ziel ist, dass Kinder sich selbst beobachten und schließlich dann auch selbst belohnen können sollen

WAS TUE ICH BEI TROTZIGEN SCHÜLER*INNEN?

Das Problem – Halsstarrigkeit, Starrsinn, Sturheit, bocken; Trotz als Resultat eines Ablösungsprozesses von Bezugs- und Autoritätspersonen; offener Trotz (Schreiben, Toben, auf dem Boden wälzen), verdeckter Trotz (Aufbau einer inneren Sperre; leiden)

Mögliche Ursachen – Zur Wehr setzen oder den gestellten Anforderungen aus dem Weg gehen; Schüler*innen fühlen sich oft entweder unfair, einschränkend, herabsetzend behandelt oder auch überfordert; großer Zorn; nicht zielgerichteter Plan und Aktion, sondern Reaktion; schiere Verzweiflung über eigene Ohnmacht und die Grenzen des Machbaren; in der Kindheit gelernte Verhaltensweisen; Erziehungsstile der Eltern oder eigene Persönlichkeitszüge

WAS KÖNNEN LEHRER*INNEN TUN?

- Ausgeglichene, freundliche Reaktion erspart Machtkämpfe, kostet aber viel Kraft und ist auch nicht immer möglich
- Nach einem *Anfall* den Schüler*innen ihr problematisches Verhalten bewusst machen durch Spiegeln
- Vereinbarung von Zeichen, die Schüler*innen beim nächsten Mal erinnern, ihr Verhalten zu kanalisieren und alternative Verhaltensweisen zu zeigen
- Begründete Regeln aufstellen, die für die Schüler*innen durchschaubar sind; Konsequenzen des Tuns sollten bekannt sein, also Transparenz
- Schüler*innen erleben lassen, dass sie durch ihr trotziges Verhalten nicht ihr Ziel erreichen können

- Auszeit/**Time-out** (siehe S. 18) bis sie wieder am Tun der anderen teilnehmen möchten und sich innerlich frei fühlen, um zu arbeiten
- Im Unterricht thematisieren, auf welche Weise man seine Interessen durchsetzen kann ohne zu trotzen, anhand von Geschichten (z. B. Schreiber-Wicke, Edith/Holland, Carola: Der Neinrich. Thienemann-Esslinger Verlag) und Rollenspielen

WAS TUE ICH, WENN SCHÜLER*INNEN VERGESSLICH SIND?

Das Problem – Schüler*innen, die vergessen, ihre Hausaufgaben zu notieren; ihre Arbeitsmaterialien nicht dabei haben; ausgeliehene Sachen nicht zurückgeben; Sportsachen vergessen; das Geld/den Unterschriftenzettel für Kopien, den Ausflug, die Veranstaltung usw. nicht mitbringen; Lehrer bringt viel Zeit auf, den Sachen *hinterherzulaufen*

Mögliche Ursachen – bewusstes Vergessen als Vermeidungsstrategie (kein Schwimmunterricht); erlernte Hilflosigkeit (wenn es die Mutter nicht bereitlegt, hat die/der Schüler*in das Material nicht dabei); keine gelernten Strukturen für Arbeitsabläufe

WAS KÖNNEN LEHRER*INNEN TUN?

- Material, wie Stifte, Lineal etc., nur gegen Ausleihzettel verleihen und auf täglicher Rückgabe bestehen
- Natürliche Konsequenz bei Dingen, die Schüler*innen eigentlich gerne machen: vergessen Schüler*innen zum wiederholten Mal die Bestätigung der Eltern, an einem Ausflug teilzunehmen, sie nicht mitnehmen; andererseits bei Vergesslichkeit, die bewusst eingesetzt wird, um unangenehme Situationen zu vermeiden, das entsprechende Material (z. B. Ersatzbadesachen) ausgeben
- Täglich benötigtes Material als Checkliste zum Abhaken mit nach Hause geben; Merkhilfen wie Akronyme, Eselsbrücken
- Zuverlässigen Buddy/Helfer*in zur Seite stellen
- Signale vereinbaren, um das Gedächtnis zu unterstützen
- Eltern über wichtige Rückmeldungen; zeitliche Fristen direkt in Kenntnis setzen

» WAS TUE ICH BEI VERWAHRLOSTEN SCHÜLER*INNEN?

Das Problem – Äußerlich und/oder innerlich verwahrlost; auf sich allein gestellt; keiner kümmert sich um Schüler*in; führt sein Leben alleine; Leistungen lassen nach; Sozialkontakte gehen zurück; andere Schüler*innen meiden den Kontakt; Schüler*in neigt zu Tagträumereien, ist unkonzentriert, reagiert aggressiv oder depressiv; häufig auf der Straße

Mögliche Anzeichen – Kleidung nicht gewechselt, schmutzig, riecht, Zähne nicht geputzt; häusliche Aufgaben werden nicht oder nur mehr unzureichend erledigt; in der Schule fehlen Materialien (z. B. Hefte, Bastelmaterial), die besorgt werden sollten; zu unterschreibende Arbeiten oder Nachrichten an die Eltern werden nicht mitgebracht; Eltern erscheinen nicht (mehr) in der Sprechstunde, antworten auf Briefe nicht oder sind telefonisch nicht erreichbar

Mögliche Ursachen – *Wohlstandsverwahrlosung*: Kinder werden mit finanzieller Zuwendung zugeschüttet, es fehlt aber an Liebe, Anerkennung und Zuwendung; Eltern stecken in einer krisenhaften Situation, streiten sich, spielen mit dem Gedanken, sich zu trennen und sind mehr mit sich beschäftigt als sonst; Eltern haben sich getrennt und der Elternteil, bei dem das Kind lebt, hat weniger Zeit, muss arbeiten; beide Eltern aktuell beruflich stark belastet und haben weit weniger Zeit für die Kinder als früher; manche Kinder, auch z. B. solche, die in Heimen leben, verwahrlosen nicht äußerlich, sondern innerlich; machen den Eindruck, dass alles in Ordnung sei, sind dennoch seelisch verwahrlost, weil liebevolle Zuwendung fehlt, sie nicht wissen, wo sie mit ihren Problemen hingehen sollen und ihnen sozusagen die emotionale Basis fehlt; Eltern aufgrund eigener psychischer Probleme (z. B. berufliche Veränderungen, Arbeitslosigkeit, Missbrauchs- oder Gewalterfahrungen) aktuell nicht in der Lage, ihren Kindern die derzeit nötige Liebe zu schenken

WIE KÖNNEN LEHRER*INNEN HELFEN?

- Sensibles Wahrnehmen der Symptome
- Gespräch mit Schüler*in: offene Fragen mit Möglichkeit, zu reden und sich mitzuteilen; Schüler*in hat Freiheit, Fragen nicht zu beantworten oder das Gespräch zu beenden; nachfragen, was die/der Schüler*in von Lehrkraft erwartet und wie sie ihm konkret helfen kann
- Anerkennung der Schülerin/des Schülers, Stärken des **Selbstwertgefühls** (siehe auch S. 20, 106)

- Stütze sein, jedoch nichts versprechen, was man nicht halten kann oder will
- Beobachtungsprotokoll mit konkreten Daten und Fakten über etwaige weiterführende Maßnahmen;
- Gespräch mit den Eltern: Im Vorfeld entscheiden, ob Schüler*in dabei sein sollte oder besser nicht; Lehrkraft bespricht das mit Schüler*in oder tauscht sich mit Kolleg*innen, der Schulleitung oder einer Beratungsfachkraft aus; im Gespräch über Erfahrungen mit Schüler*in berichten, ohne das Wort „Verwahrlosung" zu benutzen, um Eltern nicht anzugreifen; besprechen, wie Eltern und Lehrer*in gemeinsam helfen können; Folgegespräch anvisieren, um sich auszutauschen, was in der Zwischenzeit passiert ist, evtl. Beratungsstellen wie örtliche Beratungsfachkräfte, Erziehungsberatungsstelle, Erziehungshilfe
- Gespräch mit Mitschüler*innen und Erarbeitung von Unterstützungsmöglichkeiten: z. B. Nachmittag gemeinsam gestalten, Freund*in zum Essen oder Familienausflug einladen, Hausaufgaben zusammen erledigen, signalisieren, da zu sein und zuzuhören bei Bedarf
- Gespräche mit Fachkräften wie Schulleitung, Schulpsycholog*innen, Jugendamt, Allgemeinem Sozialdienst (ASD): dann, wenn keine Veränderungen eintreten oder Eltern das Problem nicht nachvollziehen können und das verwahrloste Kind weiterhin deutliche Signale aussendet
- Meldung beim Jugendamt ohne Einverständnis der Eltern möglich; dieses nimmt dann Kontakt mit den Eltern auf; bietet weitgefächerte Hilfsangebote, z. B. heilpädagogische Betreuung, Erziehungsbeistand etc.

WAS TUE ICH, WENN SCHÜLER*INNEN VERWEIGERN?

Das Problem – Verweigerung von Leistung (aufgegebene Arbeiten wie Hausaufgaben, Schulaufgaben, Übungen oder andere Arbeitsaufträge, die mit dem Erbringen von Leistung in Zusammenhang stehen) oder der sozialen Interaktionen (Schüler*in nimmt an Spielen nicht teil, arbeitet mit anderen nicht in der Gruppe, ist Außenseiter*in oder wird durch dieses Verhalten dazu); komplette Verweigerung, Schule schwänzen, Schulabsentismus; vermeidende Schulverweigerung als zunehmende Passivität und Unlust am Unterricht bis hin zur Schulverdrossenheit; aktionistischer Verweigerungstyp: aufgeweckt, oft hyperaktiv, typische*r Störer*in, oft gekoppelt mit verbalen Äußerungen, Zerstörungswut, Aggression oder eher passiven Rückzug

Welche Ursachen kann Verweigerung haben? – Überforderung, Defizite im Lernen, in der Intelligenz, in den Vorkenntnissen; sprachliche Probleme; Verstärkung durch starken Leistungsdruck, ausgelöst durch Elternhaus oder Schüler*in; führt zu Misserfolgserlebnissen; Auswirkungen auf das Selbstkonzept; Situationen, in denen Misserfolge riskiert werden, werden vermieden; Verweigerung als Handlungsstrategie; Außenseiterposition, schlechtes Klassenklima; Verweigerungen in einzelnen Fächern mögliche Rechenschwäche oder Lese-Rechtschreib-Schwäche; Unterforderung, Langweile durch Hochbegabung; organische Ursachen wie Seh- und Hörschwäche, Stottern; bewusstes Imponiergehabe, um sich die Anerkennung der Mitschüler*innen zu sichern; Ausdruck der Ablehnung gegenüber der Lehrkraft, negative Star; wenig Selbstwerterleben durch strenge, lieblose Erziehung, braucht Bestätigung durch die Gruppe; familiäre Konflikte, Trennungen, Arbeitslosigkeit der Eltern, damit verbundene Beziehungs- und Orientierungsdefizite oder eine sehr starke berufliche Belastung der Eltern, die wenig Zeit für emotionale Zuwendung und Ansprache der Kinder haben.

WICHTIG Je provozierender und aktiver die Verweigerung wirkt, desto angeknackster ist oft das Selbstwertgefühl.

Was tun bei Verweigerung?

WICHTIG Teufelskreis durchbrechen durch kleine Erfolgserlebnisse im Leistungsbereich und in sozialen Situationen, die dann positiv verstärkt werden; kann nicht durch Druck aufgebrochen werden, nur durch Stärkung der Eigenmotivation: „Ich kann, weil ich will."

- Abklären, ob Ursache im negativen Selbstkonzept liegt oder andere Ursachen wie u. a. Über-, Unterforderung, Vorkenntnisdefizite
- Anpassung der Aufgabenstellung, kleine, leicht zu bewältigende Aufgaben, um Erfolgserlebnisse zu ermöglichen; Vertrauen in die eigene Leistung bekommen; regelmäßiges Reflektieren von Arbeits-Lernschritten im Plenum, um überforderten Schüler*innen Hilfsmöglichkeiten zu bieten
- Verweigerer muss sich selbst positiv sehen, sich selbst akzeptieren, erfahren, dass es alternative Verhaltensmöglichkeiten gibt, dazu schrittweise eine positive Atmosphäre schaffen: Lernen, sich selbst zu akzeptieren, z. B. durch Ich-Collage „Ich mag an mir ... und mir gefällt an mir ...", Positives über sich und andere sagen, z. B. über Kreisspiel, bei dem man sich und andere unter neuem, positivem Aspekt vorstellt („Ich bin ... und ich kann gut ... und neben mir sitzt ... und die kann gut ..." etc.)
- Durch offene Gespräche ein positives Verhältnis mit den negativen Stars aufbauen, ihnen zeigen, dass sie gemocht werden, auch wenn ihr Verhalten abgelehnt wird

- Können es Schüler*innen in der Gruppe nicht aushalten und brauchen Ruhe, sie nicht zur gemeinsamen Arbeit zwingen
- Buddy-System: Schüler*innen mit Vorbildwirkung, die helfen, mit Frustrationen umzugehen („Du schaffst das schon!"); Vertrauen ins Hilfsnetz aufbauen
- Regelmäßige Information der Eltern über informelle Wege; z. T. Verhaltensänderung der Eltern notwendig; sensible Gespräche; Angebot von Kursen, Elterntrainings, Unterstützungssystemen
- Wenn möglich Zeit, zum Durchatmen geben und Auszeit ermöglichen, um Autonomiegefühl zu verstärken; regelmäßig prüfen, ob es wieder geht; erfreut reagieren, positiv verstärken, wenn die Arbeit selbstständig aufgenommen wird

WAS TUE ICH, WENN SCHÜLER*INNEN HÄUFIG WEINEN?

Das Problem – Übersensible, z. T. hochsensible Schüler*innen, die bei vielen Gelegenheiten in Tränen ausbrechen; teilweise nicht belastbar; reagieren auf Ungerechtigkeiten sehr betroffen; schnell ablenkbar; reagieren empfindlich auf Störgeräusche; Probleme im Umgang mit anderen Schüler*innen; teilweise als Hinweis auf innere Not

Ursachen – Abhängig von Temperament und Charakter; teilweise als Reaktion, wenn sie sehr empfindlich und sensibel sind, teilweise bei Kränkung und Betroffenheit, manchmal auch, um damit gezielt etwas zu erreichen

WAS KÖNNEN LEHRER*INNEN TUN?

- Abklären, wann Schüler*in weint: In Leistungssituationen, bei Misserfolgserlebnissen, bei der Zusammenarbeit mit den Mitschüler*innen, in bestimmten Fächern oder bei besonderen Gelegenheiten?
- Einzelgespräche, Gespräche mit den Eltern in Anwesenheit des Kindes: Wird Schüler*in unter starken Leistungsdruck gesetzt? Ist der Erziehungsstil sehr verwöhnend oder überaus restriktiv und streng?
- Einfühlsame, verständnisvolle Zuwendung, um zweifelnden Schüler*innen Mut zu machen, jedoch Instrumentalisierung des Verhaltens vermeiden, also Aufmerksamkeit schenken nicht nur in Situationen, in denen Schüler*innen weinen
- Stärkung des Selbstwertgefühls durch Übertragung von Aufgaben und Ermunterung, Hinweis auf **persönliche Stärken** (siehe auch S. 20, 104)

- Konfliktklärung mit Erarbeitung von Verhaltensalternativen in Vieraugengespräch/geheimnisvolle Gespräche nur mit dem Schüler/der Schülerin

- Bereits instrumentalisiertes Verhalten stoppen (z. B. mit **Kraftkarten**, siehe unten); Schüler*innen müssen lernen, dass ihnen nicht alle Steine aus dem Weg geräumt werden, sie mit negativen Gefühlen angepasst umgehen müssen und nicht immer im Mittelpunkt stehen können (**Stopp-Signal**, siehe auch S. 49)

Kraftkarte

für ______________________

Wenn ich ein belastendes Verhalten loslasse,
bin ich frei für etwas Neues.

Das lasse ich los: ______________________

____

Das ist neu: ______________________

____

- Eventuell muss an einer Verbesserung des **Klassenklimas** (siehe S. 53) gearbeitet werden

- Gefühle bei anderen wahrzunehmen üben und für mögliche zugrundliegende Ursachen sensibilisieren: z. B. Gefühlsgalerie, bei der Fotos mit überzeichneten Gefühlsausdrücken im Klassenzimmer verteilet werden, diese sind u. a. unterschiedliche weinende Gesichtsausdrücke, mit Nummern versehen; Schüler*innen erhalten Arbeitsblatt mit diesen Nummern und Platz für eigenen Text, sollen mit einem Lernpartner zu den Fotos gehen, sich überlegen, welches Gefühl damit ausgedrückt wird, Szenarien überlegen, die zu dem Gefühl geführt haben; Stichpunkte auf dem AB notieren; im Anschluss Austausch über die Ergebnisse

WAS TUE ICH BEI ZERSTREUTEN, CHAOTISCHEN SCHÜLER*INNEN?

Das Problem – Kein Störungsbild, sondern ein Etikett, wenn Schüler*innen bestimmte Verhaltensweisen bzw. Persönlichkeitszüge zeigen; ihnen fällt es z. B. schwer, ihre Schulmaterialien in Ordnung zu halten und ihren Arbeitsplatz zu organisieren, obwohl sie selbst der Meinung sind, dass sie so gut arbeiten können und trotzdem oftmals wirklich gute Ergebnisse erzielen; haben scheinbar nicht die Zeit, oder den Willen und sehen keinen Sinn darin, die Inhalte der Schultasche ordentlich aufzubewahren, sich auf eine Arbeit zu konzentrieren; machen den Eindruck, als würden sie viele Sachen gleichzeitig erledigen wollen; Probleme, Hausaufgaben regelmäßig zu erledigen; vergessen Bücher oder Hefte in der Schule, weil sie einfach nicht dran denken, diese in die Schultasche zu packen; Aufschreiben der Hausaufgaben geschieht z. B. unvollständig und zu Hause verstehen sie dann manchmal nicht mehr, was sie aufgeschrieben haben; haben Schwierigkeiten, sich in der Schule zu orientieren;

Mögliche Ursachen – Reizoffenheit führt im Kopf zu Durcheinander; Handlungen sind unkoordiniert und wirr; vererbte Persönlichkeitszüge („Dieses Kind hat einfach eine zerstreute Persönlichkeit!“); gelerntes Verhalten (z. B. durch Modelllernen oder Verstärkung); Überforderung; aktuelle oder länger anhaltende psychische Probleme (z. B. familiäre Situation, Krisenerlebnisse); organische Auffälligkeiten (z. B. Hormonveränderungen, Reaktion auf Medikamente); mögliche Störungen der Wahrnehmung z. B. im Bereich der Gleichgewichtswahrnehmung oder Motorik; keine Ordnungsstrukturen erlernt aufgrund von Verwöhnung; Notwendigkeit von Strukturen noch nicht erkannt

WAS KÖNNEN LEHRER*INNEN TUN?

- Interventionen, wenn zerstreutes Verhalten des Kindes gravierende Ursachen hat, die Zerstreutheit plötzlich aufgetreten ist und/oder das Ausmaß und die Intensität dieses Verhaltens den Normbereich deutlich überschritten hat
- Schüler*innen den zerstreuten Eindruck rückmelden; mit Selbstreflexionsbogen herausfinden, ob sie darunter leiden, etwas verändern möchten; gemeinsame Erarbeitung eines Belohnungssystems; Vereinbarungen von *stummen Impulsen* (Signalkarten); Mentor*in/Pat*in/Buddy zur Seite stellen
- Schüler*innen klare Strukturen geben, um Organisationsfähigkeiten und Ordnungsstrukturen zu trainieren und so zielstrebiges Arbeiten zu ermöglichen, z. B. „Lege dein Mathematikblatt in die blaue Mappe.“; konsequente farbliche Gestaltung der

einzelnen Fächerbereiche; mit stummen Impuls oder Signalkarte (Bild mit chaotischem Arbeitsplatz) daran erinnern, den Arbeitsplatz zu organisieren; klären, was wo auf dem Tisch liegt und dies markieren; für jedes Fach Checkliste mit allen benötigten Materialien (z. B. Hefte, Buch, Block) anlegen, die das Kind zur Kontrolle durchgehen kann; für wichtige Materialien, die nur an bestimmten Tagen gebraucht werden, Checkliste für zu Hause; regelmäßige Aufräumrituale zusammen mit Banknachbar*in

- Alle Arbeitsblätter mit einer Nummer versehen, die ein*e andere*r Schüler*in zur Kontrolle auch auf eine allgemeine Liste einträgt
- Nach jeder Arbeitsphase soll die/der Schüler*in den Arbeitsplatz komplett leer räumen und sich dann mittels Checkliste auf die neue Phase/Stunde vorbereiten
- Braucht ein*e Schüler*in übermäßig lange, um eine Arbeit zu unterbrechen und sich auf das nächste Fach vorzubereiten, kann Sonderregelung getroffen werden: Bei bestimmtem Signal hört die/der Schüler*in mit der Arbeit auf und arbeitet nach einer **Checkliste**, Abhaken jedes erledigten Schritts z. B.

  - ☑ *Beende das Wort/den Satz/die Übung, an dem/der du gerade geschrieben hast, fange aber kein neues/keine neue mehr an.*
  - ☑ *Kontrolliere, ob dein Name, die Nummer und das Datum auf dem Arbeitsblatt eingetragen sind.*
  - ☑ *Gib das Blatt in deine ________________ Mappe.*
  - ☑ *Lege deine Stifte in dein Federmäppchen.*
  - ☑ *Dein Buch und dein Block kommen in die Schultasche.*
  - ☑ *Setz dich ruhig hin und achte darauf, was die Lehrerin/der Lehrer für die nächste Stunde verlangt.*